プリント形式のリアル過去問で本番の臨場感！

石川県
県立

金沢錦丘中学校

2025年春受験用

解答集

本書は，実物をなるべくそのままに，プリント形式で年度ごとに収録しています。
問題用紙を教科別に分けて使うことができるので，本番さながらの演習ができます。

■　収録内容

・解答集（この冊子です）

書籍ＩＤ番号，この問題集の使い方，最新年度実物データ，リアル過去問の活用，
解答例と解説，ご使用にあたってのお願い・ご注意，お問い合わせ

・2024（令和６）年度　～　2019（平成31）年度　学力検査問題

JN132573

○は収録あり	年度	'24	'23	'22	'21	'20	'19
■ 問題(総合適性検査Ⅰ・Ⅱ)		○	○	○	○	○	○
■ 解答用紙※		○	○	○	○	○	○
■ 配点		○	○	○	○	○	○

全分野に解説
があります

※総合適性検査Ⅱは書き込み式

☆問題文等の非掲載はありません

教英出版

■ 書籍ＩＤ番号

入試に役立つダウンロード付録や学校情報などを随時更新して掲載しています。
教英出版ウェブサイトの「ご購入者様のページ」画面で，書籍ＩＤ番号を入力してご利用ください。

書籍ＩＤ番号　101222

（有効期限：2025年9月30日まで）

【入試に役立つダウンロード付録】
「要点のまとめ（国語／算数）」
「課題作文演習」ほか

■ この問題集の使い方

年度ごとにプリント形式で収録しています。針を外して教科ごとに分けて使用します。①片側，②中央のどちらかでとじてありますので，下図を参考に，問題用紙と解答用紙に分けて準備をしましょう（解答用紙がない場合もあります）。

針を外すときは，けがをしないように十分注意してください。また，針を外すと紛失しやすくなりますので気をつけましょう。

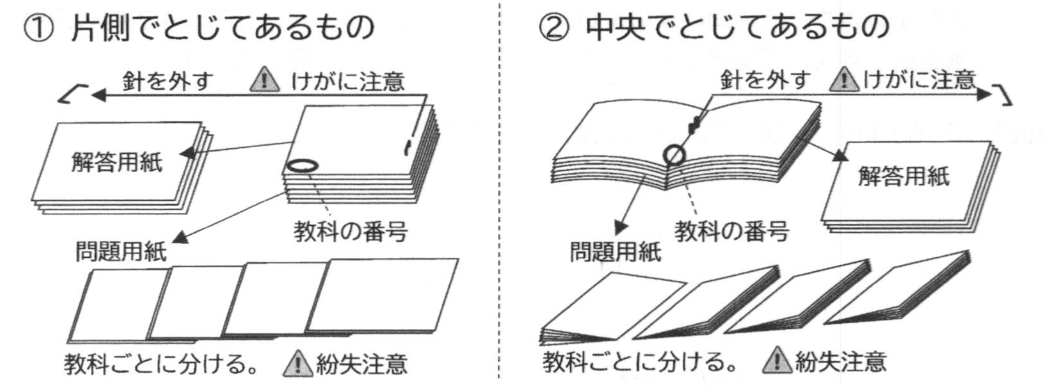

※教科数が上図と異なる場合があります。
解答用紙がない場合や，問題と一体になっている場合があります。
教科の番号は，教科ごとに分けるときの参考にしてください。

■ 最新年度 実物データ

実物をなるべくそのままに編集していますが，収録の都合上，実際の試験問題とは異なる場合があります。実物のサイズ，様式は右表で確認してください。

問題用紙	適性Ⅰ：Ｂ４片面プリント 適性Ⅱ：Ｂ４片面プリント（書込み式）
解答用紙	Ｂ４片面プリント

リアル過去問の活用

～リアル過去問なら入試本番で力を発揮することができる～

本番を体験しよう！

問題用紙の形式（縦向き / 横向き），問題の配置や余白など，実物に近い紙面構成なので本番の臨場感が味わえます。まずはパラパラとめくって眺めてみてください。「これが志望校の入試問題なんだ！」と思えば入試に向けて気持ちが高まることでしょう。

入試を知ろう！

同じ教科の過去数年分の問題紙面を並べて，見比べてみましょう。

① 問題の量

毎年同じ大問数か，年によって違うのか，また全体の問題量はどのくらいか知っておきましょう。どのくらいのスピードで解けば時間内に終わるのか，大問ひとつにかけられる時間を計算してみましょう。

② 出題分野

よく出題されている分野とそうでない分野を見つけましょう。同じような問題が過去にも出題されていることに気がつくはずです。

③ 出題順序

得意な分野が毎年同じ大問番号で出題されていると分かれば，本番で取りこぼさないように先回りして解答することができるでしょう。

④ 解答方法

記述式か選択式か（マークシートか），見ておきましょう。記述式なら，単位まで書く必要があるかどうか，文字数はどのくらいかなど，細かいところまでチェックしておきましょう。計算過程を書く必要があるかどうかも重要です。

⑤ 問題の難易度

必ず正解したい基本問題，条件や指示の読み間違いといったケアレスミスに気をつけたい問題，後回しにしたほうがいい問題などをチェックしておきましょう。

問題を解こう！

志望校の入試傾向をつかんだら，問題を何度も解いていきましょう。ほかにも問題文の独特な言いまわしや，その学校独自の答え方を発見できることもあるでしょう。オリンピックや環境問題など，話題になった出来事を毎年出題する学校だと分かれば，日頃のニュースの見かたも変わってきます。

こうして志望校の入試傾向を知り対策を立てることこそが，過去問を解く最大の理由なのです。

実力を知ろう！

過去問を解くにあたって，得点はそれほど重要ではありません。大切なのは，志望校の過去問演習を通して，苦手な教科，苦手な分野を知ることです。苦手な教科，分野が分かったら，教科書や参考書に戻って重点的に学習する時間をつくりましょう。今の自分の実力を知れば，入試本番までの勉強の道すじが見えてきます。

試験に慣れよう！

入試では時間配分も重要です。本番で時間が足りなくなってあわてないように，リアル過去問で実戦演習をして，時間配分や出題パターンに慣れておきましょう。教科ごとに気持ちを切り替える練習もしておきましょう。

心を整えよう！

入試は誰でも緊張するものです。入試前日になったら，演習をやり尽くしたリアル過去問の表紙を眺めてみましょう。問題の内容を見る必要はもうありません。どんな形式だったかな？受験番号や氏名はどこに書くのかな？…ほんの少し見ておくだけでも，志望校の入試に向けて心の準備が整うことでしょう。

そして入試本番では，見慣れた問題紙面が緊張した心を落ち着かせてくれるはずです。

※まれに入試形式を変更する学校もありますが，条件はほかの受験生も同じです。心を整えてあせらずに問題に取りかかりましょう。

《解答例》

1　問題1．印刷／kokka　問題2．ア　問題3．エ　問題4．Ⅰ．ちゅう象化されたもので出来事すべてを表しているわけでなく、それだけで相手の感情はわからない　Ⅱ．時間的な要素が加わり、相手の言葉を受けたしゅん間に自分のむねに生じた感情とちがうものになる　問題5．う　問題6．ウ　問題7．前後のつながりを意識　問題8．〈作文のポイント〉

・最初に自分の主張、立場を明確に決め、その内容に沿って書いていく。

・わかりやすい表現を心がける。自信のない表現や漢字は使わない。

さらにくわしい作文の書き方・作文例はこちら！→https://kyoei-syuppan.net/mobile/files/sakupo.html

《解　説》

1　**問題2**　A の前の内容(「かつて言葉は～集団間の暴力を鎮《しず》めるためにも使われていたでしょう」)が，後の内容(「人間は集団を大きくすることができました」)の理由になっている。よって，アの「だから」が適する。

問題3　「だんだん」は副詞。「だんだん」「し始めます」とつなげても意味が通る。

問題4　続く2段落で，「二重の意味で誤解《ごかい》」があるとはどういうことかを説明している。「一つは，言葉は抽《ちゅう》象《しょう》化《か》されたもの」なので，「実際には，言葉だけで相手の感情」はわからないということ。「もう一つは，文字化したり～した場合，そこにさらに時間的な要素が加わる」ために，「文字は～その瞬間《しゅんかん》に自分の胸《むね》の中に生じた感情とは違《ちが》うもの」になってしまうということである。

問題5　うの直前の「話し手は，相手の解釈《かいしゃく》が間違《まちが》っていると感じたら訂正《ていせい》することができます」が，抜《ぬ》けている文の「こうしたやり取り」の具体的な説明になっている。

問題6　「適当」には，「『ふさわしい』『ぴったりの』『ちょうどよくあてはまる』」などの良い意味の他に，「『いい加減』『雑』」と言った，悪い評価を表す意味もある。　B．「彼《かれ》はスマホのゲームに夢中で～面倒《めんどう》くさそうに言った」という態度にふさわしいのは，悪い評価を表す「いい加減」である。　C．「私《わたし》の周囲にいた人たちも，みな深くうなずいていた」という状況《じょうきょう》から，「ふさわしい」という意味だと考えられる。

問題7　【文章A】では，文字で書かれたものは，「読み手の勝手な解釈《かいしゃく》が許され」るので，「誤解が生じる」ことを「言葉の負の面」だと言っている。【文章B】では，「話し言葉によるコミュニケーション(会話)でも～文脈力が求められ」て，「その前後の発言とのつながりを意識して聞くことで初めて，『本当に言わんとしている真意』を汲《く》み取ることができる」と述べている。これは言いかえれば，前後の発言とのつながりを意識して聞かなければ，『本当に言わんとしている真意』を汲み取ることはできないということで，「言葉の負の面」と言える。

《解答例》

2 問題1．(1)2.1　(2)17　　問題2．(1)94　(2)イ，エ

問題3．求め方…1年生が勝った回数と，1年生と6年生の得点の関係を表にすると，右のようになる。よって，6年生と1年生の合計得点が同じになるのは，1年生が4回勝ったときである。また，6年生が勝った回数は，10－4＝6で，6回である。

1年生が勝った回数	0	1	2	3	4	5	6	7	8	9	10
1年生の得点	0	3	6	9	12	15	18	21	24	27	30
6年生の得点	20	18	16	14	12	10	8	6	4	2	0

答え．6年生…6　1年生…4

問題4．(1)23.55　(2)できない　理由…竹馬のコースは，直径 12mの円を使って作るので，正方形の一辺は，12m以上の長さが必要である。また，体育館の縦 30mが，縮図では6cmで示されているので，3000÷6＝500 で，縮図の長さを 500 倍すると，実際の長さになる。よって，実際の正方形の一辺の長さは，2.3×500＝1150 で，11.5mであり，竹馬のコースを作るのに必要な 12mより短いから。

問題5．求め方…1日目に作った数は，必要な数の$\frac{3}{8}$なので，残りは$1-\frac{3}{8}=\frac{5}{8}$　2日目に作った数は，1日目の残りの6割なので，$\frac{5}{8}\times\frac{6}{10}=\frac{3}{8}$　3日目に作った数は，1日目の残りの4割なので，$\frac{5}{8}\times\frac{4}{10}=\frac{2}{8}$　3日目に作った数は，1日目より5本少ないので，必要な数の$\frac{3}{8}$から，必要な数の$\frac{2}{8}$を引いた差は5に等しい。よって，必要な数の$\frac{1}{8}$が5と等しいから，必要な数は，$5\div\frac{1}{8}=40$　答え…40

3 問題1．石川県…イ　静岡県…ウ　　問題2．Ⅰ．40 才～64 才　Ⅱ．輸入量　　問題3．とってもよい期間を制限したり，小さいカニをとらないようにしたりするきまりによって，カニのとりすぎを防ぎ，これからもカニ漁を続けることができるようにするため。　　問題4．(1)徳川家康　(2)ア　(3)関ケ原の戦いの後に家来になった外様大名を江戸から遠いところに配置し，参勤交代によって多くの費用を負担させることで，大名の力をおさえることができたから。　　問題5．(1)最高　(2)イ

4 問題1．①ちっ素　②酸素　　問題2．①イ　②ウ　③ア　④エ　　問題3．接眼レンズの倍率／対物レンズの倍率　　問題4．葉がついた植物だけだと，袋にたまった水が葉から出たものか分からないから。

問題5．①S　②引きつけられる〔別解〕①N　②反発する　　問題6．指していない　理由…午後3時ごろ，太陽は南西の空にあると考えられるが，この方位磁針の針の向きだと，太陽は北東の空にあることになるから。

問題7．他の星は時間がたつと動くが，北極星は時間がたってもほとんど動かず，北の空にあるから。／他の星とちがって，北極星は時間がたっても見える位置は変わらず，ほぼ真北にあるから。などから1つ

《解　説》

2 **問題1(1)**　表より，竹とんぼをしたい人は 21 人，おはじきをしたい人は 10 人なので，竹とんぼをしたい人はおはじきをしたい人の 21÷10＝2.1(倍)である。

(2)　表より，折り紙をしたい人は 14 人なので，$\frac{14}{84}\times100=16.66\cdots$より，1年生全体の人数の 17％である。

問題2(1)　7でわると3余る数は，3，10，17…で，6でわると4余る数は4，10，16…である。条件を満たす最も小さい数は 10 で，その後は7と6の最小公倍数である 42 を足すごとにあらわれるので，10＋42＝52，52＋42＝94 より，100 までの数で最も大きい数は 94 である。

(2)　立方体の展開図は右図の①～⑪の11種類ですべてなので，覚えておくとよい。①～⑥のように，４つの面が１列に並び，その上下に１面ずつがくっついている形が基本的な形である。立方体の展開図では，となりの面にくっつくのならば，面を90°ずつ回転移動させることができるので，⑤の左端《ひだりはし》の面を上に回転移動させると⑦になる。⑦の一番下の面を右に回転移動させていくと，⑧と⑨ができる。⑩と⑪は覚えやすい形なので，そのまま覚えるとよい。

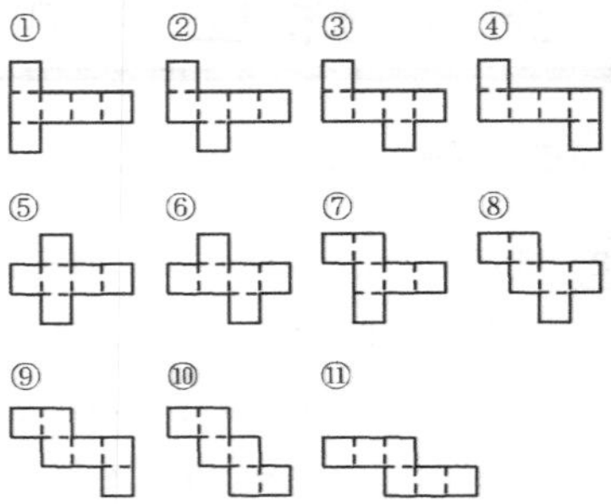

よって，正しい展開図は，イ，エである。

問題３　１年生が勝った回数と，１年生と６年生の得点の関係を表にして，６年生と１年生の合計得点が同じになるのはそれぞれ何回勝ったときか調べる。表より，６年生が６回，１年生が４回勝ったときとわかる。

問題４(1)　上級コースの長さは，半径６ｍの円の$\frac{3}{4}$の部分と，ＢからＤの３ｍなので，$6\times2\times3.14\times\frac{3}{4}+3=9\times3.14+3$(m)　　初級コースの長さは，ＡからＣの３ｍと，半径３ｍの円の$\frac{1}{4}$の部分なので，$3+3\times2\times3.14\times\frac{1}{4}=3+\frac{3}{2}\times3.14$(m)　　よって，上級コースと初級コースの差は，$(9\times3.14+3)-(3+\frac{3}{2}\times3.14)=(9-\frac{3}{2})\times3.14=\frac{15}{2}\times3.14=23.55$(m)である。

(2)　縮小している割合を計算してから，色をつけた正方形の部分の１辺の長さが実際は何ｍになるのか求める。

問題５　１日目の残りは２日目と３日目に作った本数の合計と等しいことと，２日目は１日目の残りの６割を作ったことから，３日目は１日目の残りの10－６＝４(割)を作ったことになる。

3　**問題１**　石川県…イ　静岡県…ウ　　石川県金沢市は，冬の降水量が多い日本海側の気候だから，12月や１月の降水量が多いイを選ぶ。静岡県静岡市は，夏の降水量が多い太平洋側の気候だから，７月の降水量が多いウを選ぶ。12月や１月の気温が15度を超えているアは，南西諸島の気候の沖縄県那覇市，１年を通して降水量が少ないエは，瀬戸内の気候の香川県高松市の雨温図である。

問題２　Ⅰ＝40才～64才　Ⅱ＝輸入量　　Ⅰ．39才以下は3.5－2.5＝１(万人)減っている。40才～64才は12.4－5.9＝6.5(万人)減っている。65才以上は7.9－5.2＝2.7(万人)減っている。Ⅱ．(漁業・養殖業における国内生産量)＋(海外からの輸入量)＝(漁業・養殖業における国内の市場に出回った量)である。

問題３　持続可能な漁業を営むために，禁漁期間を設けたり，小型のカニを獲らなかったりしている。

問題４(1)　徳川家康　　1600年，関ケ原の戦いに勝利した徳川家康は，1603年に征夷大将軍に就き，江戸幕府を開いた。　**(2)**　ア　　百姓は農民・漁師など。町人は商人・職人など。その他は公家，神官，僧，えた・ひにんの身分とされた人など。　**(3)**　徳川氏の一族を親藩，古くからの徳川氏の家臣を譜代大名，関ケ原の戦い前後に新たに徳川氏に従った家臣を外様大名とした。外様大名は九州・東北などの江戸から遠い土地に配置され，大がかりな領地替えを行って，大名が領地で力を蓄えないようにした。また，３代将軍の家光の治世以降，参勤交代が制度化されたことで，遠方から江戸に大人数で移動する大名行列や江戸での生活には多くの費用を要した。

問題５(1)　最高　　日本は，裁判を慎重に行うことでえん罪を防ぎ，国民の基本的人権を守るために，三審制をとっている。第一審の判決に不服があり第二審を求めることを控訴，第二審の判決に不服があり第三審を求めることを上告といい，最終審である第三審の多くは「憲法の番人」と呼ばれる最高裁判所で行われる。

(2)　イ　　(1)の解説を参照。

4　**問題２**　顕微《けんび》鏡で観察するとき，最初に対物レンズの倍率を一番低いものを使うのは，視野が広く，観察したいものを探しやすいからである。また，アの操作を行うのは，その後接眼レンズをのぞきながらピントを合わせるときに，対物レンズをプレパラートにぶつけない向き（対物レンズとプレパラートを遠ざける向き）に調節ねじを回すためである。

問題４　葉の有無だけを変えて実験を行うことで，結果に違いがあれば，その違いは葉の有無によるものだと確かめられる。

問題５　正確な方位磁針の針の先はＮ極になっているから，棒磁石のＳ極を近づけると引きつけられ，Ｎ極を近づけると反発する。

問題６　太陽は朝に東の地平線からのぼり，昼に南の空の高いところを通って，夕方に西の地平線にしずむ。よって，午後３時ころに太陽は南西の方向にあると考えられる。

金沢錦丘中学校　2023 令和5 年度　総合適性検査Ⅰ

《解答例》

1　問題１．住民／hassei　問題２．Ⅰ．ウ　Ⅱ．エ　問題３．イ　問題４．ウシたちみんなのうえ死につながり、村人たちはお金を損して不幸になってしまった　問題５．すべての牛を出荷してしまうこと。

問題６．私有物ならば、人間は後先考えながら大事にあつかうから。　問題７．い　問題８．ウ

問題９．(例文)

　地球温暖化の原因は、二酸化炭素などの温室効果ガスが増えすぎてしまうことである。

　資料Ｂによると、家庭からの二酸化炭素排出量は、「照明・家電製品などから」の割合が最も大きい。人間は、未来の幸せのためにいまがまんすることができる生物なのだから、私も地球温暖化を解決するために、テレビはなるべく見ない、照明はこまめに消すなどの、自分にできるがまんや努力をしていきたい。

《解　説》

1　**問２Ⅰ**　直後の「野良犬《のらいぬ》みたいな野良牛がそのへんを歩いてて、誰《だれ》の持ち物でもない、なんてことはあり得ない」より、肉牛はウの「私有物《しゆうぶつ》」である。　Ⅱ　日本人が直接ウナギを密漁《みつりょう》するのではないが、密漁者を間にはさんで、ウナギにお金をはらって食べる日本人が、ウナギの激減の原因を作っているのである。よって、エの「間接的」が適する。

問４　子ウシの放牧がどのような結果を引き起こしたのかを、直前の「やがて牧草は食べつくされ、ウシたちはみんな飢《う》え死《じ》にしてしまった。結局村人たちはみなお金を損して、不幸になってしまった」からまとめる。

問５　筆者は１～２行前で「牛の生産者組合は～すべての牛を出荷してしまうだろうか」と問いかけているが、そうすると牛が絶滅《ぜつめつ》し、牛でお金を儲《もう》けることができなくなるので「そんなことは絶対にしない」と言っている。

問６　人間は牛を共有地で放牧する場合には、将来牧草が食べつくされ、牛が飢え死にしてしまうことを予期していても、自分の利益のために牛の数を増やしてしまう。「収奪《しゅうだつ》される対象物が公共の場所にあり、誰かの所有物ではない場合」はこのような悲劇が生じるのである。しかし、私有物である牛は、絶滅しないように、すべてを出荷してしまうようなことはしない。このような人間の性《さが》を、筆者は「僕《ぼく》ら人間は、私有物の場合は後先考えながら大事にあつかうが、共有物は粗末《そまつ》にあつかう」とまとめている。「私有物」にすれば、ウナギなどの激減している生物も、絶滅しないように大事にあつかうはずなのである。

問７　いの直前に書かれている、「密漁などの無茶をする」「ほんのひと握《にぎ》りの人たち」を、抜《ぬ》けている一文で「一部の欲望《よくぼう》に忠実な人たち」と言いかえている。

問８　傍線部《ぼうせんぶ》②の直後の段落に「『いやいや～』なんて反論《はんろん》もあるかもしれない」と、予想される反論が書かれている。これを「しかし」と否定し、自分の考えを述べることで、異《こと》なる考えの読者にも納得してもらえるように論を進めているので、ウが適する。

金沢錦丘中学校　2023 令和5年度　総合適性検査Ⅱ

《解答例》

2　問題１．(1)100　(2)75　　問題２．(1)3125　(2)3300　　問題３．(1)線対称…A，B，D，H，I，T，Y　点対称…H，I　(2)３，15　　問題４．求め方…いなり寿司とエビの寿司の合計金額は，7250－(5400＋400)＝1450(円)である。いなり寿司を７つ買ったとすると，合計金額は 150×７＝1050(円)となり，実際より 1450－1050＝400(円)低くなる。いなり寿司１つをエビの寿司１つにおきかえると，金額は 250－150＝100(円)高くなるから，いなり寿司を 400÷100＝４(つ)エビの寿司におきかえればよい。よって，いなり寿司は７－４＝３(つ)，エビの寿司は４つ注文した。　答え．いなり寿司…３　エビの寿司…４　　問題５．求め方…側面の縦の長さは，６cm　側面の横の長さは，円周の長さと同じだから，18×3.14＝56.52 で，56.52cm　側面の面積は，56.52×６＝339.12 で，339.12 ㎠　答え…339.12　　問題６．求め方…車の時速を分速に直すと，30×1000÷60＝500 で，分速 500m　おばあさんの家までの道のりは，500×８＝4000 で，4000m　太郎さんがおばあさんの家に行くのにかかる時間は，4000÷200＝20 で，20 分　おばあさんの家に行くのにかかる時間と，部屋のかざりをするのにかかる時間の合計は，15＋20＝35 で，35 分　午後７時の 35 分前に家を出ればよいので，家を出る時間は，午後６時 25 分　答え…６，25

3　問題１．北東　　問題２．ウ　　問題３．(1)①農業で働く人が減っている　②農業で働く人の高れい化が進んでいる　(2)米づくりに必要な土地や水，道具，種もみやたくわえた米などをめぐって，むらとむらとの間で争いがおこるようになった。　　問題４．(1)イ　(2)京都府　　問題５．(1)①国民主権　②平和主義　(2)ア，ウ

4　問題１．イ　　問題２．(1)ウ　(2)カブトムシはたまご，よう虫，さなぎ，せい虫の順に育ち，バッタはたまご，よう虫，せい虫の順に育つ。　　問題３．(1)風通しがよく，日光が直接あたらない場所ではかること。　(2)イ
問題４．容器の中の空気があたためられて体積が大きくなり，お茶をおし出したため。
問題５．月の形…エ　月の位置…キ

《解　説》

2　**問題１**(1)　280 円のカードと 170 円のシールを２つずつ買ったときの金額は，(280＋170)×２＝900(円)である。よって，1000 円出したときのおつりは，1000－900＝100(円)

(2)　３年前のおばあさんの誕生日のとき太郎さんは 12－３＝９(才)である。このときおばあさんの年れいは，太郎さんの８倍だから，９×８＝72(才)となる。よって，おばあさんは今年で 72＋３＝75(才)になる。

問題２(1)　(平均)＝(合計)÷(個数)で求められる。平均の値段は，(3000＋3190＋3230＋3080)÷４＝3125(円)

(2)　20%引きは，もとの値段の１－0.2＝0.8(倍)である。もとの値段は，2640÷0.8＝3300(円)

問題３(1)　線対称は対称の軸《じく》で折りまげたときにぴったり重なる図形，点対称は対称の中心で 180°回転させたときにもとの図形と重なる図形のことである。
線対称な図形と対称の軸は図１のようになる。

図１

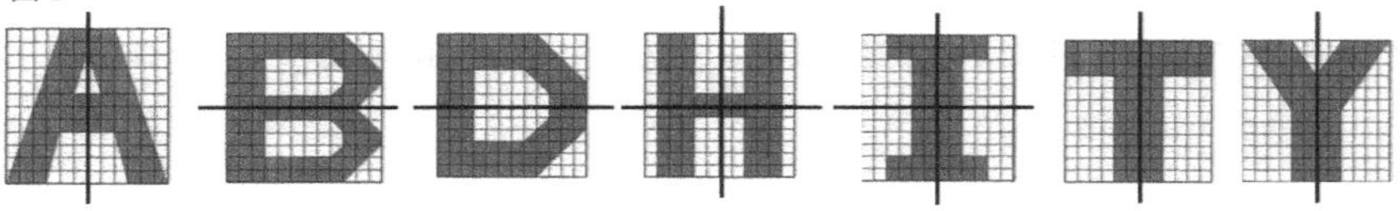

また，点対称な図形と対称の中心は図２のようになる。

図２

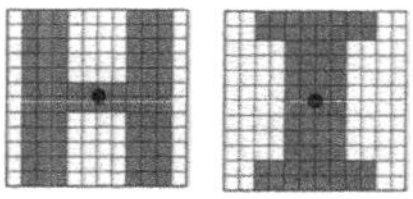

(2)　１分間に４枚印刷できるから，13 枚を印刷するには，$1\times\frac{13}{4}=\frac{13}{4}=3\frac{1}{4}$(分)かかる。

$\frac{1}{4}$分＝($\frac{1}{4}$×60)秒＝15 秒だから，求める時間は３分 15 秒となる。

問題４　合計金額の 7250 円から，にぎり寿司のセットの金額 5400 円と配達料 400 円を引いた値《あたい》が，いなり寿司とエビの寿司を合わせた金額である。いなり寿司とエビの寿司は合わせて７つ買っているから，いなり寿司を７つ買ったときの金額と実際の金額との差をいなり寿司とエビの寿司の金額の差で割ればエビの寿司の数が求められる。

問題５　円柱の展開図は右図のようになり，側面は長方形になる。側面の長方形の縦の長さは６㎝で，横の長さは底面の円周の長さと等しい。

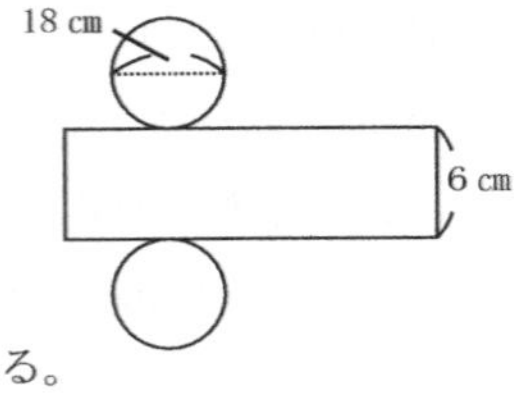

問題６　車の速さと家からおばあさんの家までにかかる時間がわかっているので，まずは家からおばあさんの家までの道のりを求める。その後，太郎さんが自転車で移動する時間と準備の時間の合計を午後７時から引くことで，家を出る時間が求められる。

3　**問題１**　地図上の方位記号より，地図の上が北になっている。

問題２　ウが正しい。石川県の総生産額は 238 億 5400 万円で，その 55％が漆器であり，100 億円はこえていることがわかる。　ア．誤り。石川県では生産額が高い上位２つの伝統工芸品は漆器・陶磁器である。　イ．誤り。伝統工芸品の生産額は，全国が 927 億 3600 万円，石川県が 238 億 5400 万円であるので，３割未満である。エ．誤り。工芸材料・工具の割合は全国が３％で，石川県は 12％であるので，石川県の割合のほうが大きい。

問題３(1)　働く人の減少や高れい化の問題は，農業だけでなく林業や漁業など，一次産業では同様の問題を抱《かか》えている。　**(2)**　さくやほり，剣や矢じりがささった人骨より，争いがおこったと判断しよう。吉野ヶ里遺跡は，周囲を防御施設であるほりやさくで囲った環濠集落である。

問題４(1)　イが正しい。奈良時代のできごとである。　アは平安時代，ウは古墳時代，エは飛鳥時代である。

(2)　843 年は平安時代である。平安京があったのは現在の京都府京都市である。

問題５(1)　日本国憲法の三つの原則は覚えておこう。　**(2)**　ア・ウが正しい。国民の３つの義務として，子どもに普通教育を受けさせる義務(ア)，勤労の義務，納税の義務(ウ)がある。イ・エ・オは義務ではなく，国民に保障されている権利である。イは自由権(経済活動の自由)，エは社会権(生存権)，オは参政権。

4　**問題１**　ふりこが１往復する時間はふりこの長さによって変わるが，おもりの重さやふれはばによって変わらない。

問題２(1)　こん虫の体は，頭，むね，はらの３つの部分に分かれていて，６本のあしはすべてむねについている。

(2)　カブトムシはたまご，よう虫，さなぎ，成虫の順に成長する完全変態のこん虫，バッタはたまご，よう虫，成虫の順に成長する不完全変態のこん虫である。

問題３(1)　温度計で気温をはかるときは，風通しがよく，日光が直接あたらない場所ではかる。　**(2)**　温度計の目もりを読むときは，真横から見て値を読みとる。

問題４　冷たいお茶を半分飲んで置いてあったので，パックの中には空気が入っている。空気はあたためられると体積が大きくなり，冷やされると体積が小さくなるので，パックの中であたためられた空気の体積が大きくなってお茶がおし出されたと考えられる。

問題５　月は新月→三日月(３日後)→上弦の月(７日後)→満月(15 日後)→下弦の月(22 日後)の順に満ち欠けし，約 29.5 日後に新月にもどる。よって，満月の 12 日前に見えた月は三日月(エ)である。三日月は太陽がしずむころに西の空に見える。

《解答例》

1　問題1．完全／syakai〔別解〕shakai　問題2．イ　問題3．それぞれ勝手に生きていて、わりと近くにいる　問題4．Ⅰ．大多数の人間が、ほとんど他者とコミュニケーションを取らなかった過去　Ⅱ．大勢の人間の言葉が聞け、自分の言葉を聞いてもらえる　問題5．ア　問題6．(1)自分の考え方を整理するとき、似た分野の他の人の考え方を利用すること　(2)自分の考えをつくってゆく

問題7．(例文)

私は、Aの「自分にないものを持っている人と知合いになることが、そもそも知合いになる価値なのではないか」と、Bの「自分の考えは自分だけでつくるのではありません」という考えに共感した。それをふまえて、「読書」をする上で大切だと思うことは、はば広く本を読むということだ。

友達のすすめで、自分では選ばないような種類の本を読み、し激を受けたことで、趣味が広がり、性格も前向きになったからだ。

《解　説》

1　**問題2**　空らんの前後が反対の内容になっているので、イが適する。

問題3　指示語が指す内容は、たいていその直前に書かれている。ここでは、「人間の社会」がどのようなものであるかについてまとめればよい。

問題4 Ⅰ　直後に「ちがって」とあるので、「情報過多の今」とはちがう時代の内容が入る。　Ⅱ　「情報過多の今」について説明した内容が入る。

問題5　傍線部《ぼうせんぶ》③の「自分にないものを持っている人と知合いになること」は、本でいえば「前者で本を選ぶ」ということである。「前者で本を選ぶ」というのは、「未知」の方向性であり、「自分の知らないこと」を「教えてもらおう、といった感じで本を選ぶ」ことである。よって、「自分の時間と空間内では経験できないこと」を「疑《ぎ》似的《じてき》に体験できる」とあるアが適する。

問題6(1)　【文章B】の最初に「だいたいふたつの目的で私たちは本を読みます」とあり、直後の段落で「ひとつは、本に慣れること～もうひとつは、自分の考えを整理するとき、似た分野の他の人の考え方を利用しています」と説明している。　**(2)**　【文章B】の最後から3～5行目に「本を読むことで～自分の考えをつくってゆく」とある。

《解答例》

2 問題１．⑴3.05　⑵$\frac{4}{15}$　　問題２．名所観光が目的の人数は，420×0.15＝63 で，63 人　遊園地が目的の人数は，190×0.3＝57 で，57 人　したがって，名所観光よりも遊園地と答えた 20 代の人数のほうが少ないから。

問題３．⑴2320　⑵図２…右図　記号…エ

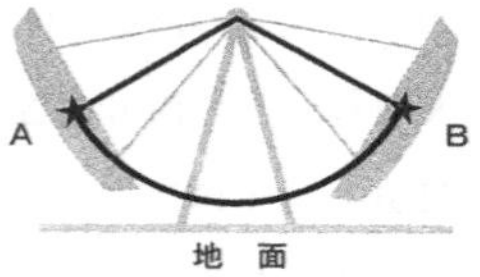

⑶アに当てはまる人数…12　「４」が表す人数…ジェットコースターに乗ったことはないが，バイキングに乗ったことがある人数

⑷求め方…大人３人と小学生２人の料金の合計は，22900 円

大人２人と小学生１人と中学生１人の料金の合計は，18800 円

中学生の１人分の料金は，小学生の１人分の料金よりも 1000 円高い。

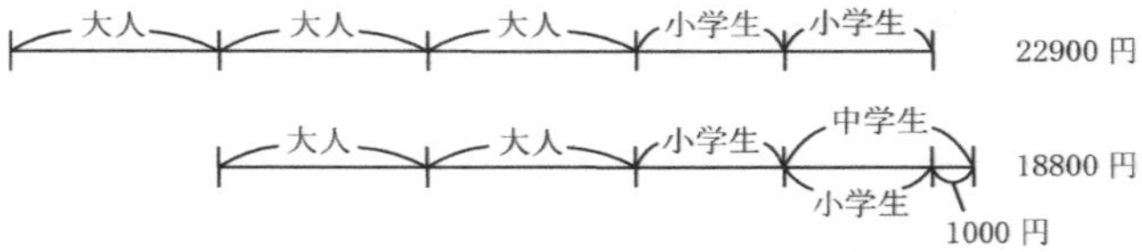

中学生１人の料金は，小学生１人の料金よりも 1000 円高いから，大人２人と小学生２人の料金の合計は，18800－1000＝17800 で，17800 円　したがって，22900－17800＝5100　(22900－5100×３)÷２＝3800

大人 5100 円　小学生 3800 円　答え…3800

3 問題１．⑴A．富山　B．群馬　⑵280　　問題２．C県　理由…長野県の方が主な産地の標高が高く，６月から 10 月にかけてセロリの生産に適した 15℃から 20℃の気温となるため，６月から 10 月に取り引きされる量が多いC県が長野県だと判断できるから。　　問題３．⑴イ　⑵①参議院　②18　　問題４．⑴エ　⑵①商業〔別解〕経済　②全国から米や産物を集め，各地に運んでいた　③町人の家

4 問題１．イ，ウ　　問題２．⑴B　⑵発芽前の種子にはでんぷんがあり，発芽してしばらくたってしぼんだ子葉にはでんぷんがあまりなかったことから，発芽するときは種子のでんぷんが使われると考えられるから。　⑶①西　②東　③西　　問題３．エ　　問題４．⑴とけ残りが出たもの…ミョウバン　理由…15℃の水 50g に，食塩は 10g より多くとけるけれど，ミョウバンは６g より多くとけることはないから。　⑵水よう液をガラスぼうに伝わらせて，少しずつ入れる。　⑶300

《解　説》

2 **問題１⑴**　0.75＋2.3＝3.05(km)

⑵　$1-\frac{1}{3}-\frac{2}{5}=\frac{15-5-6}{15}=\frac{4}{15}$(L)

問題２　割合を比べるときは，もととする値《あたい》が同じかどうか気をつけなければならない。今回はもととする値が異なる(420 と 190)ので，割合だけでは比べられない。

問題３⑴　(日曜日の入園者数)：(土曜日と日曜日の入園者数の合計)＝４：(３＋４)＝４：７だから，

日曜日の入園者数は，$4060\times\frac{4}{7}$＝2320(人)

(2)　星はつねに，鉄柱をつり下げている点からの距離《きょり》が等しいところを動くので，鉄柱の長さを半径とする円の一部がえがかれる。

(3)　右表のように記号をおく。イ＝11－4＝7だから，ア＝19－イ＝19－7＝12(人)

		バイキング		合計
		ある	ない	
ジェットコースター	ある	イ	ア	19
	ない	4		
合計		11		25

(4)　中学生1人の料金を(小学生1人の料金)＋1000円に置きかえることで，解答例のように考えることができる。

3　問題1(1)　石川県→A．富山県→新潟県→長野県→B．群馬県→埼玉県→東京都の順である(右図参照)。　(2)　(実際の距離)＝(地図上の長さ)×(縮尺の分母)より，7×4000000＝28000000(cm)＝280000(m)＝280(km)。

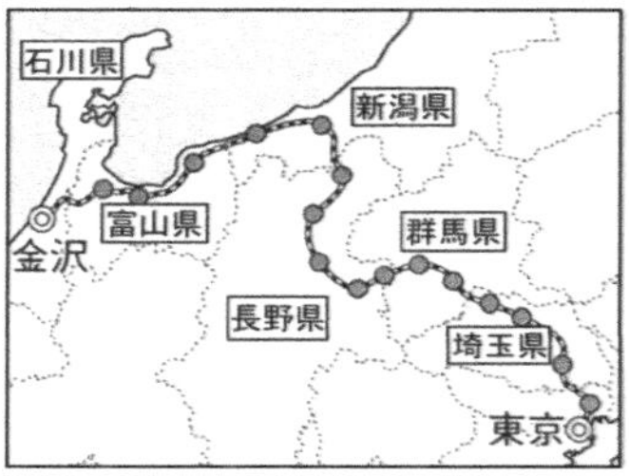

問題2　【ノート】の「15～20℃の気温が適している」から，セロリ生産には涼しい気温が適していることを導く。そのことを踏まえて雨温図を見ると，長野県では気温が高くなる6月から10月でも20℃前後であり，その時期がセロリの生産時期となることがわかる。一方，静岡県では気温が高くなる時期をさけて冬から春にかけてセロリを生産していることがわかる。以上のような，夏の涼しい気候をいかして，高原野菜の時期をずらして栽培する方法(高冷地農業による抑制栽培)は，長野県のレタスやはくさい，群馬県のキャベツなどでも見られる。

問題3(1)　イが正しい。日本では，主権者である国民の選んだ国会議員の中から内閣総理大臣が指名される。アは天皇が行う国事行為，ウは内閣の持つ権限，エは裁判所が持つ権限である。　(2)①　一院制だと審議が不十分のまま終わってしまう場合もあるが，二院制ならば国民のさまざまな意見を反映させ，話し合いや決定を慎重に行えるという考えに基づき，衆議院と参議院の二院制が採用されている。　②　普通選挙の原則により，日本国籍を持つ満18歳以上の国民すべてに選挙権が与えられている。

問題4(1)　エが正しい。国学は，儒教や仏教が伝わる前の，日本古来の思想をさぐる学問である。歌川広重は浮世絵師で，「東海道五十三次」などを描いた。杉田玄白は，前野良沢とともにオランダ語で書かれた『ターヘル・アナトミア』を翻訳し，『解体新書』を出版した。近松門左衛門は人形浄瑠璃の脚本家で，『曽根崎心中』などを書いた。西洋の学問を学び，正確な日本地図を完成させたのは伊能忠敬。　(2)　【資料2】と【資料3】を見比べると，江戸は武士の居住部分，大阪は町人の居住部分が圧倒的に広いことがわかる。また，【資料3】からは，大阪では商売のための水運が発達していたこともわかる。江戸時代，年貢米や特産物は蔵屋敷に運ばれ，そこで保存・販売されていた。大阪には諸藩の蔵屋敷が集まっていたことから，経済の中心地として「天下の台所」と呼ばれていた。また，「なにわの八百八橋」と呼ばれるほど運河と橋が多かった。

4　問題1　肥料が必要かどうかを調べたいのだから，肥料の有無だけが異なるイとウを比べればよい。実験の結果から肥料が必要ではないことがわかったのだから，イとウの両方とも発芽したと考えられる。なお，アとイを比べると水が必要かどうか，ウとエを比べると光が必要かどうかがわかる。

問題2(1)(2)　Aは根・くき・葉になる部分で，Bは子葉である。子葉には，発芽とその後の成長に必要なでんぷんがたくわえられているため，発芽前の子葉はヨウ素液に反応して青むらさき色に変化するが，発芽後しばらくたった子葉ではでんぷんが使われていて，ヨウ素液による反応があまり見られない。　(3)　日本付近の上空には，西から東に向かって風(偏西風《へんせいふう》)がふいている。雲は偏西風によって西から東へ移動するので，天気も西から東に変化することが多い。夕焼けの翌日が晴れると言われるのも，これと同じ理由である。

問題3　ものが水に完全にとけているとき，とけたものは水の中で均一に広がっていて，時間がたっても1か所に集まるようなことはない。

問題４⑴　資料より，15℃の水50ｇにとける量は，食塩が18ｇ，ミョウバンが４ｇ以上６ｇ以下であると考えられる。　⑵　ろうとの足のとがった方をビーカーの内側につけることも覚えておこう。　⑶　資料より，ミョウバンは60℃の水50ｇに25ｇとけるとわかる。したがって，50ｇの４倍の200ｇの水には，25ｇの４倍の100ｇのミョウバンがとける。ミョウバンの水よう液の重さは，ミョウバンと水の重さを合わせたものだから，100＋200＝300（ｇ）である。

金沢錦丘中学校　2021 令和３年度　総合適性検査Ⅰ

《解答例》

1　問題１．説明／取　　問題２．逃げるから怖い、泣くから悲しい　　問題３．A．イ　B．ウ

問題４．複雑なコミュニケーションが成り立つこと。　　問題５．ウ

問題６．日本語には身体的変化に基づいた感情表現がたくさんあること。　　問題７．⑴エ

⑵（例文）

家族でお寺に行った時、お寺のにおいをかいで、その前に弟とけんかしてイライラしていた気持ちが落ち着いた。その時、身体と感情が関わっていると感じた。

自分の感情をコントロールするためには、これをすると落ち着くという、五感を使ったリラックス方法を、自分でいくつか見つけておくとよいと考える。いやなことがあった時にそれらを用いれば、心の健康を保ち、冷静に対応することができると思う。

《解　説》

1　**問題２**　傍線部《ぼうせんぶ》①の直前の「ふつうは，まず『怖《こわ》いな』『悲しいな』と感じてから，逃《に》げようとか泣き出すという順序に思えます」が，本文１段落目の「一般《いっぱん》に，『怖いから逃げる』『悲しいから泣く』と考えがちです」（前者）にあたることに着目する。すると「後者」は，前者とは対照的な「『逃げるから怖い，泣くから悲しいんですよ』という」考えだとわかる。

問題３A　直前の「まず何かを察知して先に～行動がとられてから，そのあとに『ああ怖かった』『ああ悲しい』と感じる」という内容を，「意識よりも自身の末梢《まっしょう》神経での反応がまずあって，次に『怖い』『悲しい』という認《にん》識《しき》を持つ」と言いかえているので，イの「つまり」が適する。　**B**　「顔つき～四肢《しし》や内臓《ないぞう》など身体的変化に基《もと》づいた感情表現（換喩《かんゆ》）もたくさんあります」の例として，「腸《はらわた》が煮《に》えくり返る」を取り上げているので，ウの「たとえば」が適する。

問題４　筆者は，「気持ちを表す言葉を持たなかったとしたら」，「複雑なコミュニケーションは，そもそも成り立たないでしょう」と述べている。つまり，「気持ちを表す言葉」を持つことによって，複雑なコミュニケーションが可能になると言っている。このことを，より具体的に「他人に気持ちを伝え理解してもらったり，自分で受け止め噛《か》みしめたりするには，気持ちを表す言葉の獲得《かくとく》が，とても大切です」と述べているのも参照。

問題５　「やりようがないというか，出口がないというか」という気持ちに合う言葉なので，ウの「八方《はっぽう》ふさがり」（どの方面にも障害があって，手の打ちようがないこと）が適する。

問題６　「身体的変化と感情」に関して述べている，傍線部③の直前の段落を参照。「同様に（オノマトペが多くあるのと同様に日本語には），顔つき～四肢や内臓など身体的変化に基づいた感情表現もたくさんあります」とあり，このことが，「日本人がかなり身体的変化と感情の関係を意識してきたこと」を表していると言える。

問題７⑴　【資料】から，ウォーキングをすると，緊張《きんちょう》，抑鬱《よくうつ》，敵意《てきい》，疲労《ひろう》は低下し，活力は高まっていることがわかる。よって，エが適する。

《解答例》

[2] 問題１．⑴２　⑵$1\frac{1}{8}$　問題２．⑴8.4　⑵求め方…大人１人の入場料は740円で，小学生１人の入場料の２倍より20円高いので，小学生１人の入場料の２倍は，740－20＝720で，720円　小学生１人の入場料は，720÷２＝360で，360円　答え…360　問題３．⑴求め方…タイヤのまわりの長さは，50×3.14＝157で，157㎝　タイヤがちょうど４回転したときに進んだ長さは，157×４＝628で，628㎝　１m＝100㎝だから，628㎝は6.28m　答え…6.28　⑵求め方…１秒間あたりに進む道のりは100÷４＝25だから，秒速25m　１分間＝60秒なので，１分間あたりに進む道のりは25×60＝1500だから，分速1500m　１時間＝60分なので，１時間あたりに進む道のりは1500×60＝90000だから，時速90000m　１㎞＝1000mなので，１時間あたりに進む道のりは90000÷1000＝90だから，時速90㎞　答え…90　問題４．求め方…パンダの１日のえさ代は，200000×0.12＝24000で，24000円　パンダは２頭なので，パンダ１頭あたりの１日のえさ代は，24000÷２＝12000で，12000円　答え…12000　棒グラフ…右グラフ　問題５．求め方…５分間で入れた水の量は，20×５＝100で，100L　１L＝1000㎤なので，100Lは100000㎤　この水そうを，たて40㎝，横20㎝，高さ20㎝の直方体と，たて40㎝，横60㎝，高さ50㎝の直方体に分けて考える。たて40㎝，横20㎝，高さ20㎝の直方体に入っている水の体積は，40×20×20＝16000で，16000㎤　たて40㎝，横60㎝，高さ50㎝の直方体に入っている水の体積は，100000－16000＝84000で，84000㎤　よって，この直方体の水の深さは，84000÷(40×60)＝35で，35㎝だから，この水そうの水の深さは，20＋35＝55で，55㎝　答え…55

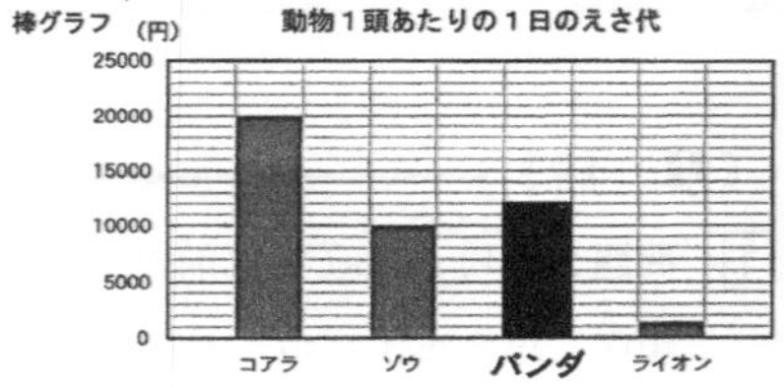

[3] 問題１．エ　問題２．地産地消　問題３．イ　問題４．根が広く深くはることで，こう水や山くずれなどの災害を防ぐため。　問題５．ア　問題６．ウ　問題７．栽培　問題８．ごみを減らすために，ごみを分別したり，買い物ぶくろを持参したりすること。

[4] 問題１．⑴受粉　⑵②めしべ　③おしべ　問題２．記号…ウ
理由…正午ごろには太陽は南にあるため，かげは太陽の反対の北にでき，北は太郎さんの左手の方向になるから。　問題３．①水蒸気　②蒸発
問題４．⑴太陽の光が反射し，リンゴの実の下の方にも太陽の光が当たるから。
⑵右図

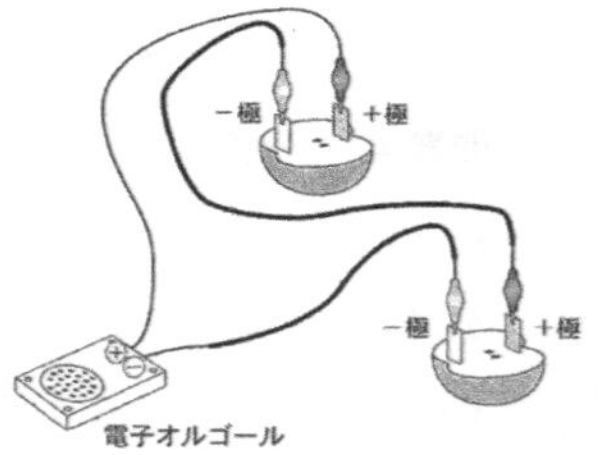

《解　説》

[2] **問題１⑴**　80÷40＝２(倍)

⑵　$\frac{1}{4}+\frac{11}{24}+\frac{5}{12}=\frac{6}{24}+\frac{11}{24}+\frac{10}{24}=\frac{27}{24}=\frac{9}{8}=1\frac{1}{8}$(㎞)

問題２⑴　1.2mの間かくが，先頭から８番目までに８－１＝７(か所)あるから，求めるきょりは，1.2×７＝8.4(m)

⑵　小学生１人の入場料の２倍は，大人１人の入場料より20円安いことから，小学生１人の入場料の２倍を計算し，小学生１人の入場料を求める。

問題３⑴　(円周)＝(直径)×3.14を利用して求める。

また，答えの単位がmなので，cmのまま答えをかかないように気をつけよう。

(2) 解答例以外にも，以下のように考えることができる。

チーターは4秒＝$\frac{4}{60}$分＝$\frac{1}{15}$分＝$\frac{1}{15\times60}$時間＝$\frac{1}{900}$時間で 100m＝$\frac{100}{1000}$km＝$\frac{1}{10}$km走るのだから，求める速さは，

時速$(\frac{1}{10}\div\frac{1}{900})$km＝時速$(\frac{1}{10}\times900)$km＝時速 90 km

問題4 200000 円の 12%＝0.12 がパンダ2頭のえさ代である。

棒グラフは，1目もりで 5000÷5＝1000(円)を表している。

問題5 1Lは1辺の長さが 10 cmの立方体の体積に等しいので，10 cm×10 cm×10 cm＝1000 cm^3である。

右図の面を正面として水そうを見ると，水は最初㋐の部分に入り，その後㋑の部分に入る。

㋐はたて 40 cm，横 20 cm，高さ 20 cmの直方体，㋑はたて 40 cm，横 60 cm，高さ 70－20＝50(cm)の直方体である。よって，解答例のように求めることができる。

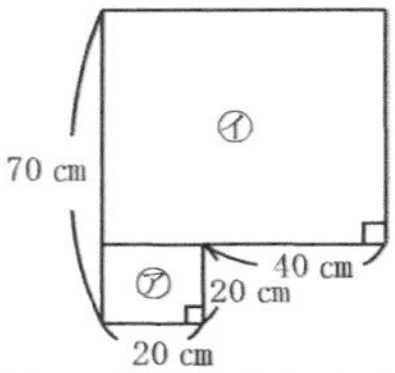

3 **問題1** ①を選ぶ。「Y」は消防署，「⛩」は神社，「🕮」は図書館の地図記号である。

問題2 地産地消によって，生産者と消費者との距離が近くなり，消費者が安心して農産物を購入できるようになる。また，地元の人々が地元の農家がつくった農産品を買えば，その地域のお金は他の地域に流出することなく，地域内で循環する。輸送距離が少なくなることで，トラックなどから排出される二酸化炭素の量を抑えることができる。

問題3 イを選ぶ。アはロシア連邦，ウはアメリカ合衆国，エはブラジルである。

問題4 【資料1】の「根が広く深くはる」ことに着目すれば，森林には雨水をたくわえる役割があると導ける。その雨水は，地下水となってゆっくりと染みだし，河川に流れ出る。このはたらきが人工のコンクリートダムに似ていることから，森林は天然のダム(緑のダム)と呼ばれている。また，間ばつをしないと，下草が生えず土がむき出しになるため，大雨の際に土砂災害が発生する恐れがある。

問題5 アが正しい。石川県で漁かく量が多い上位5つの市や町の漁かく量の合計が，総漁かく量に占める割合は $\frac{119+88+64+48+21}{374}\times100=90.90\cdots$(%)だから，90%以上である。 イ．石川県で漁かく量が最も多い「ぶり類」は，金沢市で漁かく量が多い上位3つに入らない。 ウ．金沢市で漁かく量が1位の「かに類」は，石川県で漁かく量が多い上位3つに入らない。 エ．石川県で漁かく量が多い上位5つの市や町の漁かく量の合計は 340 百tだから，石川県で漁かく量が多い上位3つの「ぶり類」「いか類」「さば類」の漁かく量の合計の $374\times\frac{22+19+9}{100}=$ 187(百t)より多い。

問題6 ウが正しい。 ア．1960 年の漁かく量と比べて 2015 年の漁かく量が減っているのは，沖合漁業，遠洋漁業，沿岸漁業である。 イ．沿岸漁業の漁かく量は，1975 年前後や 1980 年代に増えている。 エ．沖合漁業の漁かく量は，1990 年前後に大幅に減っている。

問題7 つくり育てる漁業には，稚魚を一定の大きさまで育てた後，海や川に放流して自然の中で育てる「栽培漁業」と，いけすや網で区切った海などで，出荷するまで人工的に育てる養殖(漁業)がある。

問題8 【資料5】より，リサイクルされるごみが増えてごみの減量につながること，【資料6】より，レジ袋有料化でごみの発生を抑えていること(リデュース)を読み取る。リサイクルやリデュースのほか，そのままの形体で繰り返し使う「リユース」を加えた3Rを進め，新たな天然資源の使用を減らす「循環型社会」が目指されている。

4 **問題1** おしべから出る花粉がめしべの先の部分(柱頭という)につくことを受粉という。リンゴは他の木の花粉がつかないと実ができないので，一つ一つの花に花粉をつけなければならない。このため，ハチが花粉を運ぶ習性を利用している。

問題２　(ウ)○…太陽は東の地平線からのぼり，南の空を通って，西の地平線にしずむので，正午ごろの太陽は南の空にある。かげは太陽と反対の方向にできるので，正午ごろのかげの向きは北向き(ウ)である。

問題３　空気中にふくむことができる水蒸気の量は，気温が低いほど少なくなる。地面や地面の近くにある物の温度が０℃以下になると，まわりの空気が冷やされて，ふくみきれなくなった水蒸気が氷となって，物の表面につく。

問題４(1)　太陽の光が当たらない部分にも，光を当てるための工夫である。　**(2)**　直列につなぐ電池の数が多いほど，電流は大きくなるので，２個のリンゴ電池を直列につなぐ。電子オルゴールの－端子を電池の－極とつなぎ，２個の電池の＋極と－極をつなぐことに注意する。

金沢錦丘中学校　2020 令和2 年度　総合適性検査Ⅰ

《解答例》

1　問題1．効／支配　　問題2．エ　　問題3．イ　　問題4．人間の能力を超えている遊び　　問題5．囲碁の世界では、人間がＡＩを使いこなすことで人間の打つ手が豊かになり、ＡＩと人間が和やかでいい関係を築くこともできているから。　　問題6．ウ　　問題7．人間が人工知能を制御できなくなることと、人間の働き口が失われること　　問題8．(1)エ

(2)(例文)

私の考え方はＡに近い。ＡＩが人間の能力を補うことで良い関係を築いていくことができると思う。ただし、最終的には人間が考えて判断を下すべきだと思う。

レントゲン画像を分せきして、病気を見つけるＡＩが開発されているそうだ。ＡＩなら病気を見のがすこともないだろう。しかし、病気に対する考え方や置かれた状きょうはかん者によってさまざまなので、人間の医師が治りょうの進め方を決めるべきだと思う。

《解　説》

1　**問題2**　主語は，「何が」「何は」にあたる部分である。何が「起こった」のかというと「笑い」なので，エの「笑いが」が適する。イの「アルファ碁《ご》が」と「打った」も主語と述語の関係にある。アとウは主語ではない。

問題3　直前に「が」とあるので，□には，「人間には最初の手の意味がわからなかった」とは反対の内容が入る。また，人間には意味がわからなかったＡＩの手が，はるか先のゲームの後半で「効いてきた」ことから，ＡＩは先の展開を読んでいたと考えられる。よって，イが適する。

問題4　指示語の指す内容は，たいていその前に書かれている。囲碁《いご》において「未知の手が出てきてしまったことで」「何となく見えてきた」のは何なのかを考える。

問題5　直後にあるように，シンギュラリティが起こり，ＡＩの方が強くなってしまった囲碁の世界においては，「ＡＩを人間が使いこなすことで，可能性はどんどん広がってきている」。具体的には，「人間の打つ手」が豊かになったり，ＡＩと人間がチームを組んだ対局で，和やかさを感じるような関係を築いたりしている。囲碁の世界でのこうした状況《じょうきょう》は，「(ＡＩに)職を奪《うば》われる」「ＡＩの奴隷《どれい》になる」というような不安とは程遠いものである。

問題6　傍線部《ぼうせんぶ》④の「一つのよい例」とは，囲碁のチーム戦で見られた，「女流棋士《きし》は囲碁ＡＩと相談しながら打つ手を決めてい」くというもの。これは，最後の段落にある，ＡＩが人間にとって，「助言をくれたり手伝ってくれたりするパートナーのような存在」であるということ。よって，こうしたかかわり方の例であるウが適する。

問題7　文章Ｂの最初の段落では，「人工超《ちょう》知能は，ひとたび実現すれば制御《せいぎょ》がほぼ不可能だ」と述べられている。また，２～３段落目では，仕事の機械化によって失業者が出た場合，新たに生まれた仕事も「人工知能がこなすことのできる仕事である可能性が高く，人間に新たな働き口が生まれる保証はない」と述べている。これはつまり，人間の行う仕事が減り，人間の働き口が失われるということである。

問題8(1)　秋田さんは，ＡＩの能力が上がった場合，「人間の弁護士は，必要なくなるかもしれないね」と言っている。秋田さんは，人間の働き口が失われることを心配しているので，文章Ｂの３段落目にある「悲観的な人」の意見に近い。よって，エが適する。

《解答例》

2　問題1．⑴54　⑵式…57＋64＋59＝180　180÷90＝２　答え…２　　問題２．⑴５　⑵式…1.5÷0.6＝2.5　0.8×2.5＝２　答え…２　　問題３．⑴六角形　⑵求め方…太郎さんが１分間で作った枚数は，18÷４＝$\frac{9}{2}$　太郎さんが30分間で作れる枚数は，$\frac{9}{2}$×30＝135　花子さんが１分間で作った枚数は，24÷５＝$\frac{24}{5}$　花子さんが30分間で作れる枚数は，$\frac{24}{5}$×30＝144　２人の枚数の差は，144－135＝９　答え…花子／９　　問題４．25
問題５．求め方…１日目に読んだのは，本全体の$\frac{1}{3}$で，残りは１－$\frac{1}{3}$＝$\frac{2}{3}$　２日目に読んだのは，１日目の残りの$\frac{2}{5}$なので，$\frac{2}{3}$×$\frac{2}{5}$＝$\frac{4}{15}$　２日間で読んだのは，$\frac{1}{3}$＋$\frac{4}{15}$＝$\frac{9}{15}$＝$\frac{3}{5}$で，本全体の$\frac{3}{5}$　まだ読んでいないのは，１－$\frac{3}{5}$＝$\frac{2}{5}$で，本全体の$\frac{2}{5}$　残りの60ページは，本全体の$\frac{2}{5}$だから，本全体のページ数は，60÷$\frac{2}{5}$＝150　答え…150

3　問題１．エ　　問題２．①航空機　②工業製品が多い　　問題３．伝統的工芸品の輸出額は増加しているのに，生産額が減少しているのはなぜだろうか。　　問題４．イ　　問題５．⑴源頼朝　⑵幕府を守るために敵軍と戦って奉公したが，ご恩として新しい領地をもらえなかったから。

4　問題１．⑴関節　⑵ウ　　問題２．⑴イ　⑵川が曲がっているところの外側は流れが速く，しん食のはたらきが大きいので，コンクリートで固めることでしん食されるのを防ぐため。　　問題３．⑴電磁石に流す電流を大きく　⑵電磁石に直接ついているスチール缶が磁石になったため。　　問題４．⑴2000　⑵ウ

《解　説》

2　**問題１⑴**　90人の60％＝$\frac{60}{100}$＝$\frac{3}{5}$が本を３冊以上借りたので，求める人数は，90×$\frac{3}{5}$＝54(人)である。

⑵　５年生90人が１週間で57＋64＋59＝180(冊)借りたから，１人平均180÷90＝２(冊)借りたことになる。

問題２⑴　27÷６＝４余り３より，机１台に６冊置くと，机４台で６×４＝24(冊)置くことができ，残り３冊を机１台に置けばよいので，求める台数は，４＋１＝５(台)である。

⑵　60㎝＝0.6m，80㎝＝0.8mである。縦の長さを1.5÷0.6＝2.5(倍)に拡大したので，横の長さも2.5倍に拡大され，0.8×2.5＝２(m)になる。

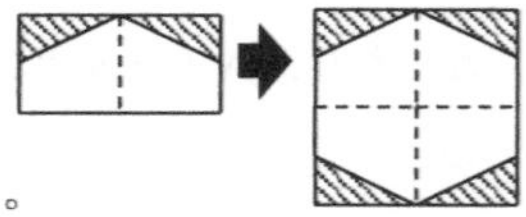

問題３⑴　③の手順で切り落としてから，②，①の逆の手順で正方形の紙を広げると右図のようになる(斜線《しゃせん》部分が切り落とした部分である)。よって，六角形ができる。

⑵　表から，30分間で作れるカードの枚数は，太郎さんが18×$\frac{30}{4}$＝135(枚)，花子さんが24×$\frac{30}{5}$＝144(枚)と考えてもよい。

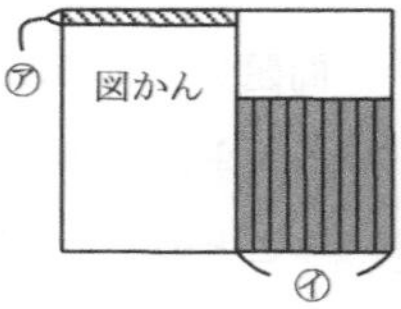

問題４　右図の㋐の長さは30－28＝２(㎝)，㋑の長さは40－22＝18(㎝)である。
図３の状態から，図かんの底面を変えずに，はみ出さないように図かんを入れることはできないので，面積が２×22＝44(㎠)の長方形を底面にして入れると，真上から見たときに右図の斜線部分に１冊，色付き部分に18÷２＝９(冊)入れることができる。この状態で入れた図かんの高さは28㎝で，30㎝以下だからはみ出さない。よって，全部で15＋１＋９＝25(冊)入れることができる。
また，面積が２×28＝56(㎠)の長方形を底面にして入れても，同じように25冊入れることができる。

問題５　解答例以外に，以下のように考えてもよい。

１日目までで残ったページ数は，本全体の１－$\frac{1}{3}$＝$\frac{2}{3}$である。よって，２日目までで残ったページ数は，１日目

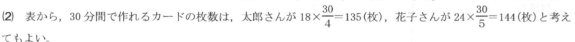

までで残ったページ数の$1-\frac{2}{5}=\frac{3}{5}$なので，本全体の$\frac{2}{3}\times\frac{3}{5}=\frac{2}{5}$である。よって，本全体の$\frac{2}{5}$が 60 ページだから，太郎さんが借りたのは$60\div\frac{2}{5}=150$(ページ)の本である。

3 **問題１**　エを選ぶ。アはフランス，イはエジプト，ウはオーストラリアである。

問題２①　輸出品の中で航空機の占める割合は，1987 年が 2.2%，2017 年が 9.8%だから，2017 年は 1987 年よりも 9.8−2.2＝7.6(%)増えている。　**②**　輸出品の上位３つの割合は，1987 年が機械類の 20.6%，自動車の 11.6%，鉄こうの4.6%で，その合計は36.8%となる。2017年が機械類の19.8%，航空機の9.8%，自動車の9.5%で，その合計は 39.1%となる。

問題３　【資料３】で，2014 年以降，伝統的工芸品の輸出額が増加し続けていることから，伝統工芸品は国外での売り上げがのびていることがわかる。一方，【資料２】で，2015 年以降，伝統的工芸品の生産額が減少し続けていることから，伝統工芸品は国内での売り上げがのびていないことがわかる。

問題４　能は観阿弥・世阿弥親子によって室町時代に確立したから，イが正しい。雪舟の水墨画として「天橋立図」や「秋冬山水図」などが有名である。アは平安時代，ウは江戸時代，エは明治時代についての記述である。

問題５(1)　問いの「初めて日本に開かれた幕府(鎌倉幕府)」と【資料５】の「幕府をひらいて」から，鎌倉幕府初代将軍の源頼朝を導く。北条政子は源頼朝の妻である。1221 年，源氏の将軍が３代で途絶えたのをきっかけに，鎌倉幕府打倒をかかげた後鳥羽上皇が挙兵すると，鎌倉幕府方は北条政子の呼びかけのもと，これを打ち破った(承久の乱)。　**(2)**　鎌倉幕府は，将軍と，将軍に従う武士(御家人)との結びつきによって支えられた。将軍は，ご恩として御家人の以前からの領地を保護したり，新たな領地を与えたりして，御家人は，奉公として京都や鎌倉の警備につき命をかけて戦った。しかし，元寇は防衛戦であったため，幕府は十分なほうびを御家人に与えることができなかった。そのため生活に困る御家人が増え，幕府に不満を持つ者も出てきた。【資料６】は，御家人の竹崎季長が描かせたといわれる「蒙古襲来絵詞」の文永の役の一場面である。

4 **問題１**　筋肉の両端《りょうたん》はかたいつくり(けん)になっていて，それぞれが異なる骨についている。筋肉がちぢんだりゆるんだりすることで関節を曲げることができる。うでを曲げるときには，内側の筋肉(①)がちぢみ，外側の筋肉(②)がゆるむ。なお，図１の状態からうでをのばすときには，①がゆるみ，②がちぢむ。

問題２(1)　上流にある石ほど，流水のはたらきによる影響《えいきょう》をあまり受けていないため，大きく角ばっている。したがって，上流のものから順にイ，ア，ウとなる。上流の大きく角ばった石は，川を流れる間に，川底や他の石などにぶつかって，割れたり角がとれたりすることで小さく丸くなっていく。

問題３(1)　ふつうの磁石は力の大きさを変えることができないが，電磁石はコイルの巻き数や流す電流の強さを変えることで力の大きさを変えることができる。また，電流を流さなければ磁石の力がなくなるので，一度くっつけたものを簡単にはなすこともできる。このような理由で，電磁石は空き缶《かん》の分別作業に適している。　**(2)**　磁石につく(磁石の性質をもつようになる)のは，鉄などの一部の金属の性質であり，すべての金属に共通する性質ではない。

問題４(1)　30 kg→30000 g より，30000÷15＝2000(本)が正答となる。　**(2)**　ウ○…図５のように，缶の金属の種類が異なれば，同じ体積にしたときの重さは異なるが，缶の金属の種類が同じであれば，同じ体積にしたときの重さは同じである。これは金属ごとに１㎤あたりの重さ(密度)が決まっているためである。

《解答例》

1　問題１．法則／似　問題２．つながっている　問題３．ア　問題４．ウ　問題５．見える世界が少しずつ大きく広がっていき，自分が今いる場所がわかってくること　問題６．イ　問題７．自分の命と自分たちを支えてくれているものがつながっていることに気づき，周りのものを粗末にできなくなったから。

問８．⑴C

⑵（例文）

私が考える学ぶことの意味・理由は、今まで知らなかったことを知ること自体に、楽しさやおもしろさを感じるからというものだ。

例えば、しおれた植物の根元に水をやると元気になることは、以前から知っていた。その後、植物には葉やくきに水を通す管があることを習い、植物が元気になる理由がわかった。こうした経験が、筆者の言う、それまで自分が知っていたことと、新しく教えてもらったことがつながるということだと思う。

《解　説》

1　**問題２**　「そういうことが～ものの見方も違《ちが》ったものになるでしょう。これこそが～ひとつの意味で、①それはまた、学ぶことの意味でもある」とあり、下線部の「これ」と①「それ」は、両方とも前の「そういうことが少しでも感じられると、ものの見方も違ったものになる」を指している。よって「そういうこと」の内容が具体的に書かれた、前の段落の「私《わたし》たちの心の中で～起こっていることも、すべてつながっているかもしれない」から抜《ぬ》き出す。この「つながって（いる）」という言葉は、後にも繰《く》り返し出てきて、筆者が学ぶということに持っているイメージであることが読み取れる。傍線《ぼうせん》部③の後には「いろいろな知識がつながってくると、世の中がよく見えてきます」とある。

問題３　A．空欄《くうらん》の前には「自分のいる場所がわからなくなります」とあるが、後には「急に見晴らしがいいところに出る」「今いるところが～見えてくる」とある。前の内容から予測されるのと反対の内容が続いているので、逆接の接続詞（「ところが」か「しかし」）が入る。　B．空欄の前の内容を、後の部分で「～ということです」とわかりやすく説明し直しているので、「つまり」が適する。　よってアが適する。

問題４　「上に行けば行くほど」「見えてきます」とつなげても意味が通じるので、ウが適する。

問題５　「山を登ること」（＝登山）と、学ぶということの共通点については、これより前の段落で説明している。傍線部②の後の段落に「学ぶというのは、山を～少しずつ登っているようなものです。登るにつれて、見える世界が少しずつ大きくなり、広がっていきます。そして、自分が今いる場所が、徐々《じょじょ》にわかってきます」とあるので、この部分をまとめればよい。「自分の立ち位置が見えてくる」と、「自分が今いる場所が～わかってきます」は、ほぼ同じ意味。

問題６　「知識への水路」が広がるイメージを、わかりやすく言い換《か》えているのが、直後の「いろいろなことを理解し、それらの知識がつながってきた」の部分。知識が、次の知識へとつながっていくのだから、イが適する。

問題７　「蹴《け》とばせなくなった」の直後に「やはり、文字を学び始めたことで、いろいろなものの命に気づいたのでしょうか～自分の周りのものを粗末《そまつ》にできなくなるようなのです」とあり、最後の段落に、「学ぶことによって、自分たちを支えてくれているものが見えてきて、自分の命とそれらがつながっていることに気づくようになった」

とまとめられている。自分の命と、まわりの命（木の根っこ）が「つながっている」ということに気づいた、という内容を落とさずにまとめる。

問題８⑴　春川さんの「みんなが勉強しているんだから、自分も勉強しなければいけないとしか考えていなかった」と、Ｃの「小学生のうちは勉強しないといけないと思うから」が似た考え方。勉強することの意味などは考えずに、義務感で勉強している。よってＣが適する。Ａは、勉強すること自体に楽しさや喜びを感じているグループ。筆者の考え方に近い。Ｂは何かの目的のために勉強しているグループ。Ｄは、【話し合い】にあるように、「他人からの評価や反応」を勉強の理由にしているグループ。

《解答例》

2　問題1．(1)2　(2)式…2.4÷60＝0.04　0.04×105＝4.2　答え…4.2　問題2．(1)47.7　(2)240

問題3．(1)1560　(2)式…3000÷2＝1500　1.8×1500＝2700　27＋1.5＝28.5　答え…28.5

問題4．(1)6　(2)求め方…展望台だけに行った人は24－6＝18　植物園だけに行った人は15－6＝9

アンケートに答えた人数は，全部で，18＋9＋6＋12＝45　答え…45

問題5．求め方…レジャーシートの長さと，レジャーシートとレジャーシートの間の長さをたして，縦と横に何枚並べられるか考えると，縦には，15÷(1.8＋0.5)＝6 あまり 1.2 で6枚，横には，20÷(1.2＋0.5)＝11 あまり 1.3 で，あまりが1.3mあるのでもう1枚並べられるから，11＋1＝12 で12枚だから，6×12＝72　答え…72

3　問題1．(1)ウ　(2)エ　問題2．仏教の力で，社会全体に広がっていた不安をしずめて，国を治めるため。

問題3．(1)イ　(2)①魚介類　②肉類　③外国からの輸入にたよっています

問題4．(1)豊臣秀吉　(2)農民が反抗できないようにして確実に年貢を納めさせることで，農民と武士の身分が区別された。

4　問題1．(1)酸素　(2)やかんの口付近の水は，熱せられて水蒸気になっているため目には見えないが，少しはなれると，まわりの空気に冷やされて小さな水のつぶになるため，目に見えるようになるから。

問題2．(1)ご飯つぶの主な成分であるでんぷんは，だ液のはたらきによってあまい別のものに変えられたから。

(2)①臓器名…小腸　記号…エ　②臓器名…肝臓　記号…イ

問題3．(1)式…(14.3＋13.6＋14.1)÷3＝14　14÷10＝1.4　答え…1.4　(2)ア　問題4．(1)クレーター　(2)ウ

《解　説》

2　**問題1**(1)　126÷63＝2(人)

(2)　グラフより，2.4㎞進むのに60分かかったから，分速(2.4÷60)㎞＝分速0.04㎞

学校から公園まで行くのに105分かかったから，学校から公園までの道のりは0.04×105＝4.2(㎞)である。

問題2(1)　1.8×26.5＝47.7(m)

(2)　六角形を右図ｉのように，色付き部分としゃ線部分に分けて考える。

図ｉの色付きの2つの三角形を組み合わせると，図ⅱのような，対角線が垂直に交わる色付きのひし形となり，縦の対角線は20－10＝10(㎝)，横の対角線は16㎝だから，この面積は，10×16÷2＝80(㎠)である。

図ｉ

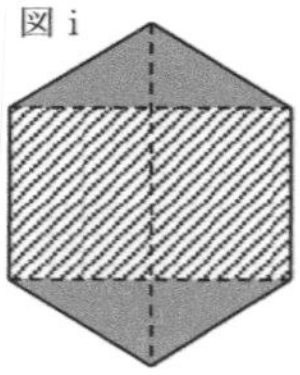

図ⅱ

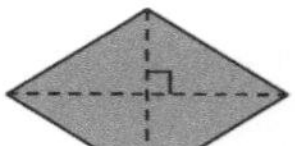

しゃ線部分は，縦が10㎝，横が16㎝の長方形だから，10×16＝160(㎠)である。

よって，求める面積は，80＋160＝240(㎠)である。

問題3(1)　小学生1人分の料金は，360×$\frac{2}{3}$＝240(円)だから，太郎さんの家族全員が資料館に入る場合の入館料は，360×3＋240×2＝1080＋480＝1560(円)となる。

(2)　図1より，実際のＢＣの長さは30m＝(30×100)㎝＝3000㎝だから，図1の三角形は図2の三角形の3000÷2＝1500(倍)である。したがって，図1のＡＣの長さは，1.8×1500＝2700(㎝)，つまり$\frac{2700}{100}$m＝27mである。

図1のＣから地面までの高さは，太郎さんの目線の高さ(Ｂから地面までの高さ)に等しく1.5mだから，求める高さは，27＋1.5＝28.5(m)である。

問題４⑴　３つの場所のまわる順番は，右図の６通りある。

展―植―ふ　／　展―ふ―植
植―展―ふ　／　植―ふ―展
ふ―展―植　／　ふ―植―展

※展望台，植物園，ふん水をそれぞれ展，植，ふ，と表す

⑵　右のような表をかくとわかりやすい。

①が「はい」で②が「いいえ」の人(展望台だけに行った人)は，24－６＝18(人)

②が「はい」で①が「いいえ」の人(植物園だけに行った人)は，15－６＝９(人)

よって，アンケートに答えた人数は，18＋９＋６＋12＝45(人)である。

(人)

		②		合計
		はい	いいえ	
①	はい	6		24
	いいえ		12	
合計		15		

問題５　解答例の他にも，以下のように求めることもできる。50 cm＝0.5ｍである。左上の角のレジャーシートを１枚目とする。縦に並べるレジャーシートを１枚増やすと，レジャーシートが並ぶ長さは，0.5＋1.8＝2.3(m)増えるから，縦に並ぶレジャーシートは，(15－1.8)÷2.3＝５余り 1.7 より，５＋１＝６(枚)となる。横に並べるレジャーシートを１枚増やすと，レジャーシートが並ぶ長さは，0.5＋1.2＝1.7(m)増えるから，横に並ぶレジャーシートは，(20－1.2)÷1.7＝11 余り 0.1 より，11＋１＝12(枚)となる。

よって，レジャーシートは最も多くて，６×12＝72(枚)となる。

３　**問題１⑴**　後楽園は岡山県にあるから，ウを選ぶ。また，岡山平野北部では，ももやぶどうなどの果樹栽培が盛んである。アは宮城県，イは京都府，エは高知県である。　**⑵**　エが正しい。動物園や植物園の上位５つの割合の合計は，29％である。　ア．北海道と兵庫県は海に面している。　イ．１位と５位の割合の差は，キャンプ場が 5.4％，スキー場が 18.4％，動物園や植物園が 4.1％で，動物園や植物園が最も小さい。　ウ．冬に雪が多いのは北西季節風の影響を受ける日本海側であるが，東京都，神奈川県，愛知県，和歌山県は太平洋側に位置する。

問題２　聖武天皇の治世のころ，全国的な伝染病の流行やききんが起きて災いが続いたため，聖武天皇と妻の光明皇后は，仏教の力で国家を守ろうと考えた。国ごとに国分寺と国分尼寺をつくらせたほか，都には総国分寺として東大寺を建て，大仏を造らせた。

問題３⑴　イ.【資料３】で米の自給率が 100％前後の年度が多いにもかかわらず,【資料２】で消費量が年々減少傾向にあることから，生産量も減っていると判断できる。日本人は昔から米を主食としてきたが，高度経済成長期(1950 年代後半～1973 年)に入ると生活が豊かになっていくのにつれて食生活も大きく変わり，パンや麺などの消費量が増え，米の消費量が減っていった。　**⑵①・②**　主食の変化にともなって，米と相性の良い魚介類の消費も減っていき，高度経済成長時に子供であった世代が親となり，各家庭の食卓に影響を与えていると考えられている。

③　高度経済成長時には，保護貿易に近い状態で輸入される食材は少なかったが，肉類などの貿易自由化が進み，安い農産物が輸入されるようになり，自給率が下がっていった。食料自給率低下の問題点として，自然災害や異常気象などにより輸入量が大きく減少し，国内の消費量をまかなえなくなる危険性がある点，輸入に要する水量(仮想水／バーチャルウォーター)が増える点などを押さえておきたい。

問題４　【資料４】は刀狩,【資料５】は太閤検地の内容である。豊臣秀吉が行った刀狩によって，武士と農民の身分差がはっきりと区別されるようになり，太閤検地によって，農民は勝手に土地を離れられなくなり，兵農分離が進んだ。また，太閤検地では予想される収穫量を米の体積である石高で表したため，年貢を確実に集めることができるようになった。

4 **問題１**(1)　酸素にはものが燃えるのを助けるはたらきがあるが，酸素自身は燃えない。　(2)　気体である水蒸気は目で見ることができない。やかんの口から出てきたばかりの水蒸気は温度が高いので気体のすがたのままだが，口から少しはなれると空気に冷やされて液体の水にもどり，目に見えるようになる。これが湯気の正体である。

問題２(1)　ご飯つぶにはでんぷんが多くふくまれていること，でんぷんがだ液によって消化されることなどから考える。　(2)　①養分はおもにエの小腸から吸収される。小腸の表面には無数のひだがあり，ひだは柔毛《じゅうもう》という突起《とっき》でおおわれている。このようなつくりになっていることで表面積が大きくなり，効率よく養分を吸収することができる。②小腸で吸収された養分は肝臓《かんぞう》に送られて，その一部が肝臓にたくわえられる。肝臓には他にも，アンモニアなどの有害な物質を分解したり，脂肪《しぼう》の分解を助ける胆汁《たんじゅう》をつくったりするなど，さまざまなはたらきがある。なお，図３で，アは肺，ウは胃，オは大腸である。

問題３(1)　表は，ふりこが10往復する時間を３回はかった結果をまとめたものだから，この３回の合計を３で割った(14.3＋13.6＋14.1)÷３＝14(秒)が，ふりこが10往復する時間の平均である。したがって，これをさらに10で割った 14÷10＝1.4(秒)が，ふりこが１往復する時間の平均である。　(2)　ふりこが１往復する時間は，ふれはばやおもりの重さに影響《えいきょう》を受けず，ふりこの長さによって決まっている。したがって，図４のふりこと長さが等しいアが正答となる。

問題４(1)　クレーターは隕石《いんせき》などが衝突《しょうとつ》したあとだと考えられている。地球にも隕石などが衝突してあとができることがあるが，地球には大気や水があるため，クレーターの多くは消えてしまう。　(2)　太陽が西の地平線付近にあるときに南の空に見える月は，太陽がある右側半分が光って見える上弦《じょうげん》の月(イ)である。上弦の月から約１週間後には満月になるので，ウが正答となる。なお，満月は太陽が西の地平線付近にあるときには東の地平線付近にあり，真夜中に南の空に見える。

■ ご使用にあたってのお願い・ご注意

（１）問題文等の非掲載

著作権上の都合により，問題文や図表などの一部を掲載できない場合があります。

誠に申し訳ございませんが，ご了承くださいますようお願いいたします。

（２）過去問における時事性

過去問題集は，学習指導要領の改訂や社会状況の変化，新たな発見などにより，現在とは異なる表記や解説になっている場合があります。過去問の特性上，出題当時のままで出版していますので，あらかじめご了承ください。

（３）配点

学校等から配点が公表されている場合は，記載しています。公表されていない場合は，記載していません。

独自の予想配点は，出題者の意図と異なる場合があり，お客様が学習するうえで誤った判断をしてしまう恐れがあるため記載していません。

（４）無断複製等の禁止

購入された個人のお客様が，ご家庭でご自身またはご家族の学習のためにコピーをすることは可能ですが，それ以外の目的でコピー，スキャン，転載（ブログ，ＳＮＳなどでの公開を含みます）などをすることは法律により禁止されています。学校や学習塾などで，児童生徒のためにコピーをして使用することも法律により禁止されています。

ご不明な点や，違法な疑いのある行為を確認された場合は，弊社までご連絡ください。

（５）けがに注意

この問題集は針を外して使用します。針を外すときは，けがをしないように注意してください。また，表紙カバーや問題用紙の端で手指を傷つけないように十分注意してください。

（６）正誤

制作には万全を期しておりますが，万が一誤りなどがございましたら，弊社までご連絡ください。

なお，誤りが判明した場合は，弊社ウェブサイトの「ご購入者様のページ」に掲載しておりますので，そちらもご確認ください。

■ お問い合わせ

解答例，解説，印刷，製本など，問題集発行におけるすべての責任は弊社にあります。

ご不明な点がございましたら，弊社ウェブサイトの「お問い合わせ」フォームよりご連絡ください。迅速に対応いたしますが，営業日の都合で回答に数日を要する場合があります。

ご入力いただいたメールアドレス宛に自動返信メールをお送りしています。自動返信メールが届かない場合は，「よくある質問」の「メールの問い合わせに対し返信がありません。」の項目をご確認ください。

また弊社営業日（平日）は，午前９時から午後５時まで，電話でのお問い合わせも受け付けています。

2025 春

株式会社教英出版
〒422-8054　静岡県静岡市駿河区南安倍３丁目 12-28
TEL　054-288-2131　　FAX　054-288-2133
URL　https://kyoei-syuppan.net/
MAIL siteform@kyoei-syuppan.net

教英出版の親子で取りくむシリーズ

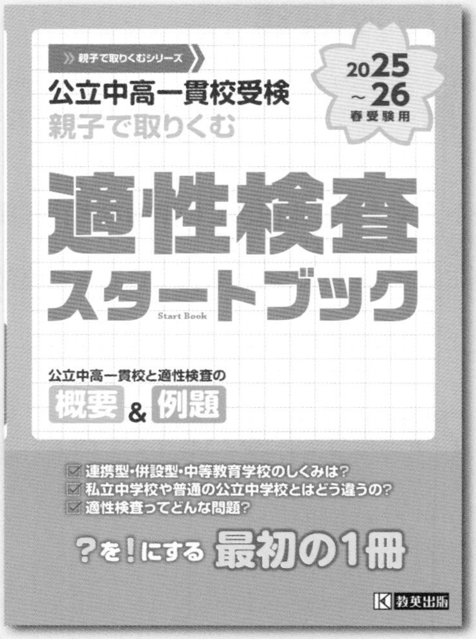

公立中高一貫校とは？適性検査とは 受検を考えはじめた親子のための 最初の１冊！

「概要編」では公立中高一貫校の仕組みや適性検査の特徴をわかりやすく説明し，「例題編」では実際の適性検査の中から，よく出題されるパターンの問題を厳選して紹介しています。実際の問題紙面も掲載しているので受検を身近に感じることができます。

- 公立中高一貫校を知ろう！
- 適性検査を知ろう！
- 教科的な問題〈適性検査ってこんな感じ〉
- 実技的な問題〈さらにはこんな問題も！〉
- おさえておきたいキーワード

定価：1,078円（本体980＋税）

適性検査の作文問題にも対応！ 「書けない」を「書けた！」に 導く合格レッスン

「実力養成レッスン」では，作文の技術や素材の見つけ方，書き方や教え方を対話形式でわかりやすく解説。実際の入試作文をもとに，とり外して使える解答用紙に書き込んでレッスンをします。赤ペンの添削例や，「添削チェックシート」を参考にすれば，お子さんが書いた作文をていねいに添削することができます。

- レッスン１ 作文の基本と，書くための準備
- レッスン２ さまざまなテーマの入試作文
- レッスン３ 長文の内容をふまえて書く入試作文
- 実力だめし！入試作文
- 別冊「添削チェックシート・解答用紙」付き

定価：1,155円（本体1,050＋税）

絶賛販売中！

詳しくは教英出版で検索

教英出版　検索

URL https://kyoei-syuppan.net/

教英出版　2025年春受験用　中学入試問題集

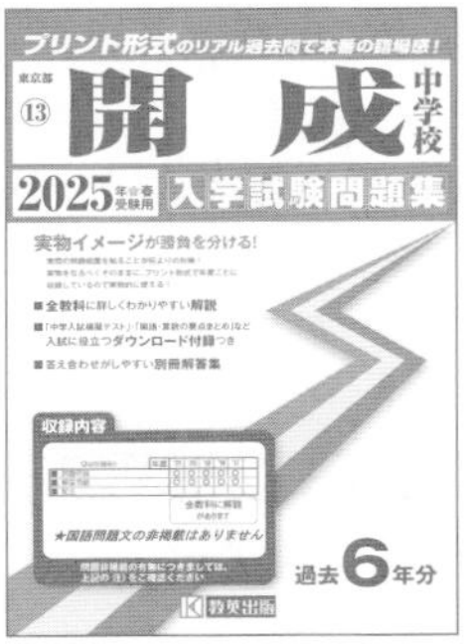

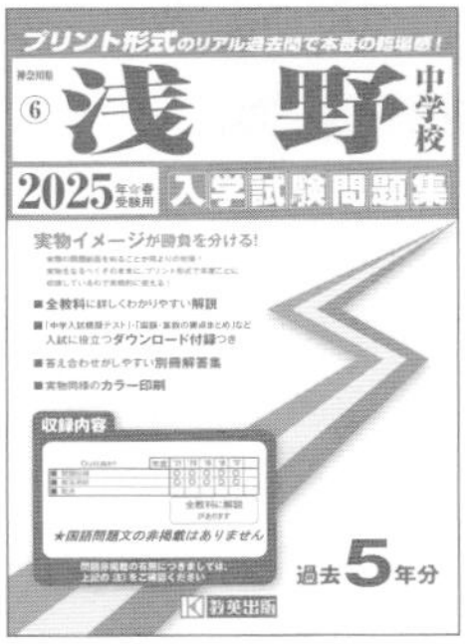

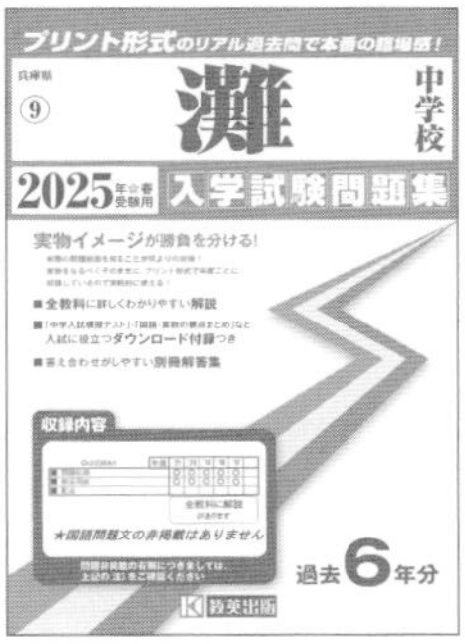

学校別問題集

✿はカラー問題対応

北海道

①[市立]札幌開成中等教育学校
②藤女子中学校
③北嶺中学校
④北星学園女子中学校
⑤札幌大谷中学校
⑥札幌光星中学校
⑦立命館慶祥中学校
⑧函館ラ・サール中学校

青森県

①[県立]三本木高等学校附属中学校

岩手県

①[県立]一関第一高等学校附属中学校

宮城県

①[県立]宮城県古川黎明中学校
②[県立]宮城県仙台二華中学校
③[市立]仙台青陵中等教育学校
④東北学院中学校
⑤仙台白百合学園中学校
⑥聖ウルスラ学院英智中学校
⑦宮城学院中学校
⑧秀光中学校
⑨古川学園中学校

秋田県

①[県立]
大館国際情報学院中学校
秋田南高等学校中等部
横手清陵学院中学校

山形県

①[県立]
東桜学館中学校
致道館中学校

福島県

①[県立]
会津学鳳中学校
ふたば未来学園中学校

茨城県

①[県立]
日立第一高等学校附属中学校
太田第一高等学校附属中学校
水戸第一高等学校附属中学校
鉾田第一高等学校附属中学校
鹿島高等学校附属中学校
土浦第一高等学校附属中学校
竜ヶ崎第一高等学校附属中学校
下館第一高等学校附属中学校
下妻第一高等学校附属中学校
水海道第一高等学校附属中学校
勝田中等教育学校
並木中等教育学校
古河中等教育学校

栃木県

①[県立]
宇都宮東高等学校附属中学校
佐野高等学校附属中学校
矢板東高等学校附属中学校

群馬県

①
[県立]中央中等教育学校
[市立]四ツ葉学園中等教育学校
[市立]太田中学校

埼玉県

①[県立]伊奈学園中学校
②[市立]浦和中学校
③[市立]大宮国際中等教育学校
④[市立]川口市立高等学校附属中学校

千葉県

①[県立]
千葉中学校
東葛飾中学校
②[市立]稲毛国際中等教育学校

東京都

①[国立]筑波大学附属駒場中学校
②[都立]白鷗高等学校附属中学校
③[都立]桜修館中等教育学校
④[都立]小石川中等教育学校
⑤[都立]両国高等学校附属中学校
⑥[都立]立川国際中等教育学校
⑦[都立]武蔵高等学校附属中学校
⑧[都立]大泉高等学校附属中学校
⑨[都立]富士高等学校附属中学校
⑩[都立]三鷹中等教育学校
⑪[都立]南多摩中等教育学校
⑫[区立]九段中等教育学校
⑬開成中学校
⑭麻布中学校
⑮桜蔭中学校
⑯女子学院中学校
✿⑰豊島岡女子学園中学校
⑱東京都市大学等々力中学校
⑲世田谷学園中学校
✿⑳広尾学園中学校（第2回）
✿㉑広尾学園中学校（医進・サイエンス回）
㉒渋谷教育学園渋谷中学校（第1回）
㉓渋谷教育学園渋谷中学校（第2回）
㉔東京農業大学第一高等学校中等部（2月1日 午後）
㉕東京農業大学第一高等学校中等部（2月2日 午後）

神奈川県

- ①[県立] 相模原中等教育学校 / 平塚中等教育学校
- ②[市立]南高等学校附属中学校
- ③[市立]横浜サイエンスフロンティア高等学校附属中学校
- ④[市立]川崎高等学校附属中学校
- ✿⑤聖光学院中学校
- ✿⑥浅野中学校
- ⑦洗足学園中学校
- ⑧法政大学第二中学校
- ⑨逗子開成中学校(1次)
- ⑩逗子開成中学校(2・3次)
- ⑪神奈川大学附属中学校(第1回)
- ⑫神奈川大学附属中学校(第2・3回)
- ⑬栄光学園中学校
- ⑭フェリス女学院中学校

新潟県

- ①[県立] 村上中等教育学校 / 柏崎翔洋中等教育学校 / 燕中等教育学校 / 津南中等教育学校 / 直江津中等教育学校 / 佐渡中等教育学校
- ②[市立]高志中等教育学校
- ③新潟第一中学校
- ④新潟明訓中学校

石川県

- ①[県立]金沢錦丘中学校
- ②星稜中学校

福井県

- ①[県立]高志中学校

山梨県

- ①山梨英和中学校
- ②山梨学院中学校
- ③駿台甲府中学校

長野県

- ①[県立] 屋代高等学校附属中学校 / 諏訪清陵高等学校附属中学校
- ②[市立]長野中学校

岐阜県

- ①岐阜東中学校
- ②鶯谷中学校
- ③岐阜聖徳学園大学附属中学校

静岡県

- ①[国立]静岡大学教育学部附属中学校(静岡・島田・浜松)
- ② [県立]清水南高等学校中等部 / [県立]浜松西高等学校中等部 / [市立]沼津高等学校中等部
- ③不二聖心女子学院中学校
- ④日本大学三島中学校
- ⑤加藤学園暁秀中学校
- ⑥星陵中学校
- ⑦東海大学付属静岡翔洋高等学校中等部
- ⑧静岡サレジオ中学校
- ⑨静岡英和女学院中学校
- ⑩静岡雙葉中学校
- ⑪静岡聖光学院中学校
- ⑫静岡学園中学校
- ⑬静岡大成中学校
- ⑭城南静岡中学校
- ⑮静岡北中学校
- ⑯ 常葉大学附属常葉中学校 / 常葉大学附属橘中学校 / 常葉大学附属菊川中学校
- ⑰藤枝明誠中学校
- ⑱浜松開誠館中学校
- ⑲静岡県西遠女子学園中学校
- ⑳浜松日体中学校
- ㉑浜松学芸中学校

愛知県

- ①[国立]愛知教育大学附属名古屋中学校
- ②愛知淑徳中学校
- ③ 名古屋経済大学市邨中学校 / 名古屋経済大学高蔵中学校
- ④金城学院中学校
- ⑤椙山女学園中学校
- ⑥東海中学校
- ⑦南山中学校男子部
- ⑧南山中学校女子部
- ⑨聖霊中学校
- ⑩滝中学校
- ⑪名古屋中学校
- ⑫大成中学校
- ⑬愛知中学校
- ⑭星城中学校
- ⑮名古屋葵大学中学校(名古屋女子大学中学校)
- ⑯愛知工業大学名電中学校
- ⑰海陽中等教育学校(特別給費生)
- ⑱海陽中等教育学校(I・II)
- ⑲中部大学春日丘中学校
- 新刊⑳名古屋国際中学校

三重県

- ①[国立]三重大学教育学部附属中学校
- ②暁中学校
- ③海星中学校
- ④四日市メリノール学院中学校
- ⑤高田中学校
- ⑥セントヨゼフ女子学園中学校
- ⑦三重中学校
- ⑧皇學館中学校
- ⑨鈴鹿中等教育学校
- ⑩津田学園中学校

滋賀県

- ①[国立]滋賀大学教育学部附属中学校
- ②[県立] 河瀬中学校 / 守山中学校 / 水口東中学校

京都府

- ①[国立]京都教育大学附属桃山中学校
- ②[府立]洛北高等学校附属中学校
- ③[府立]園部高等学校附属中学校
- ④[府立]福知山高等学校附属中学校
- ⑤[府立]南陽高等学校附属中学校
- ⑥[市立]西京高等学校附属中学校
- ⑦同志社中学校
- ⑧洛星中学校
- ⑨洛南高等学校附属中学校
- ⑩立命館中学校
- ⑪同志社国際中学校
- ⑫同志社女子中学校(前期日程)
- ⑬同志社女子中学校(後期日程)

大阪府

- ①[国立]大阪教育大学附属天王寺中学校
- ②[国立]大阪教育大学附属平野中学校
- ③[国立]大阪教育大学附属池田中学校

④[府立]富田林中学校
⑤[府立]咲くやこの花中学校
⑥[府立]水都国際中学校
⑦清風中学校
⑧高槻中学校（A日程）
⑨高槻中学校（B日程）
⑩明星中学校
⑪大阪女学院中学校
⑫大谷中学校
⑬四天王寺中学校
⑭帝塚山学院中学校
⑮大阪国際中学校
⑯大阪桐蔭中学校
⑰開明中学校
⑱関西大学第一中学校
⑲近畿大学附属中学校
⑳金蘭千里中学校
㉑金光八尾中学校
㉒清風南海中学校
㉓帝塚山学院泉ヶ丘中学校
㉔同志社香里中学校
㉕初芝立命館中学校
㉖関西大学中等部
㉗大阪星光学院中学校

兵庫県

①[国立]神戸大学附属中等教育学校
②[県立]兵庫県立大学附属中学校
③雲雀丘学園中学校
④関西学院中学部
⑤神戸女学院中学部
⑥甲陽学院中学校
⑦甲南中学校
⑧甲南女子中学校
⑨灘中学校
⑩親和中学校
⑪神戸海星女子学院中学校
⑫滝川中学校
⑬啓明学院中学校
⑭三田学園中学校
⑮淳心学院中学校
⑯仁川学院中学校
⑰六甲学院中学校
⑱須磨学園中学校（第1回入試）
⑲須磨学園中学校（第2回入試）
⑳須磨学園中学校（第3回入試）
㉑白陵中学校
㉒夙川中学校

奈良県

①[国立]奈良女子大学附属中等教育学校
②[国立]奈良教育大学附属中学校
③[県立]国際中学校
　　　　青翔中学校
④[市立]一条高等学校附属中学校
⑤帝塚山中学校
⑥東大寺学園中学校
⑦奈良学園中学校
⑧西大和学園中学校

和歌山県

①[県立]古佐田丘中学校
　　　　向陽中学校
　　　　桐蔭中学校
　　　　日高高等学校附属中学校
　　　　田辺中学校
②智辯学園和歌山中学校
③近畿大学附属和歌山中学校
④開智中学校

岡山県

①[県立]岡山操山中学校
②[県立]倉敷天城中学校
③[県立]岡山大安寺中等教育学校
④[県立]津山中学校
⑤岡山中学校
⑥清心中学校
⑦岡山白陵中学校
⑧金光学園中学校
⑨就実中学校
⑩岡山理科大学附属中学校
⑪山陽学園中学校

広島県

①[国立]広島大学附属中学校
②[国立]広島大学附属福山中学校
③[県立]広島中学校
④[県立]三次中学校
⑤[県立]広島叡智学園中学校
⑥[市立]広島中等教育学校
⑦[市立]福山中学校
⑧広島学院中学校
⑨広島女学院中学校
⑩修道中学校
⑪崇徳中学校
⑫比治山女子中学校
⑬福山暁の星女子中学校
⑭安田女子中学校
⑮広島なぎさ中学校
⑯広島城北中学校
⑰近畿大学附属広島中学校福山校
⑱盈進中学校
⑲如水館中学校
⑳ノートルダム清心中学校
㉑銀河学院中学校
㉒近畿大学附属広島中学校東広島校
㉓AICJ中学校
㉔広島国際学院中学校
㉕広島修道大学ひろしま協創中学校

山口県

①[県立]下関中等教育学校
　　　　高森みどり中学校
②野田学園中学校

徳島県

①[県立]富岡東中学校
　　　　川島中学校
　　　　城ノ内中等教育学校
②徳島文理中学校

香川県

①大手前丸亀中学校
②香川誠陵中学校

愛媛県

①[県立]今治東中等教育学校
　　　　松山西中等教育学校
②愛光中学校
③済美平成中等教育学校
④新田青雲中等教育学校

高知県

①[県立]安芸中学校
　　　　高知国際中学校
　　　　中村中学校

福岡県

①[国立]福岡教育大学附属中学校（福岡·小倉·久留米）

②[県立]
- 育徳館中学校
- 門司学園中学校
- 宗像中学校
- 嘉穂高等学校附属中学校
- 輝翔館中等教育学校

③西南学院中学校
④上智福岡中学校
⑤福岡女学院中学校
⑥福岡雙葉中学校
⑦照曜館中学校
⑧筑紫女学園中学校
⑨敬愛中学校
⑩久留米大学附設中学校
⑪飯塚日新館中学校
⑫明治学園中学校
⑬小倉日新館中学校
⑭久留米信愛中学校
⑮中村学園女子中学校
⑯福岡大学附属大濠中学校
⑰筑陽学園中学校
⑱九州国際大学付属中学校
⑲博多女子中学校
⑳東福岡自彊館中学校
㉑八女学院中学校

佐賀県

①[県立]
- 香楠中学校
- 致遠館中学校
- 唐津東中学校
- 武雄青陵中学校

②弘学館中学校
③東明館中学校
④佐賀清和中学校
⑤成穎中学校
⑥早稲田佐賀中学校

長崎県

①[県立]
- 長崎東中学校
- 佐世保北中学校
- 諫早高等学校附属中学校

②青雲中学校
③長崎南山中学校
④長崎日本大学中学校
⑤海星中学校

熊本県

①[県立]
- 玉名高等学校附属中学校
- 宇土中学校
- 八代中学校

②真和中学校
③九州学院中学校
④ルーテル学院中学校
⑤熊本信愛女学院中学校
⑥熊本マリスト学園中学校
⑦熊本学園大学付属中学校

大分県

①[県立]大分豊府中学校
②岩田中学校

宮崎県

①[県立]五ヶ瀬中等教育学校
②[県立]
- 宮崎西高等学校附属中学校
- 都城泉ヶ丘高等学校附属中学校

③宮崎日本大学中学校
④日向学院中学校
⑤宮崎第一中学校

鹿児島県

①[県立]楠隼中学校
②[市立]鹿児島玉龍中学校
③鹿児島修学館中学校
④ラ・サール中学校
⑤志學館中等部

沖縄県

①[県立]
- 与勝緑が丘中学校
- 開邦中学校
- 球陽中学校
- 名護高等学校附属桜中学校

もっと過去問シリーズ

北海道

北嶺中学校
7年分（算数・理科・社会）

静岡県

静岡大学教育学部附属中学校
（静岡·島田·浜松）
10年分（算数）

愛知県

愛知淑徳中学校
7年分（算数・理科・社会）
東海中学校
7年分（算数・理科・社会）
南山中学校男子部
7年分（算数・理科・社会）
南山中学校女子部
7年分（算数・理科・社会）
滝中学校
7年分（算数・理科・社会）
名古屋中学校
7年分（算数・理科・社会）

岡山県

岡山白陵中学校
7年分（算数・理科）

広島県

広島大学附属中学校
7年分（算数・理科・社会）
広島大学附属福山中学校
7年分（算数・理科・社会）
広島学院中学校
7年分（算数・理科・社会）
広島女学院中学校
7年分（算数・理科・社会）
修道中学校
7年分（算数・理科・社会）
ノートルダム清心中学校
7年分（算数・理科・社会）

愛媛県

愛光中学校
7年分（算数・理科・社会）

福岡県

福岡教育大学附属中学校
（福岡·小倉·久留米）
7年分（算数・理科・社会）
西南学院中学校
7年分（算数・理科・社会）
久留米大学附設中学校
7年分（算数・理科・社会）
福岡大学附属大濠中学校
7年分（算数・理科・社会）

佐賀県

早稲田佐賀中学校
7年分（算数・理科・社会）

長崎県

青雲中学校
7年分（算数・理科・社会）

鹿児島県

ラ·サール中学校
7年分（算数・理科・社会）

※もっと過去問シリーズは
国語の収録はありません。

教英出版
〒422-8054
静岡県静岡市駿河区南安倍3丁目12－28
TEL 054-288-2131
FAX 054-288-2133
詳しくは教英出版で検索
教英出版　検索
URL https://kyoei-syuppan.net/

一

次の【文章A】と【文章B】を読んで、あとの問いに答えましょう。（※が付いている言葉には［注］があります。）

【文章A】

科学技術には良い面もあれば悪い面もあります。最初は良い面に注目が集まりますが、ある域《いき》を超《こ》えると今度はネガティブな面が強調されていきます。ダイナマイトを考えてもそうでしょう。最初は人間の力が及《およ》ばない物を壊《こわ》すために非常に役立ったのに、それがやがて社会を破壊《はかい》する戦争の道具に使われるようになりました。言葉も同じです。

言葉は、人間が手にした技術の中で最初にして最大のものといってよいと思います。かつて言葉は人々の間のトラブルを調整するための※1交渉《こうしょう》にも使われていたはずだし、集団間の暴力を鎮《しず》めるためにも使われていたでしょう。[A]人間は集団を大きくすることができました。国家という巨大《きょだい》な組織《そしき》をつくることができたのも、言葉によって※2バーチャルな世界をつくり、その物語を共有してみんながまとまれるようになったからです。ダイナマイトと同様、最初は言葉もよい作用をもたらしました。しかし、やがてその言葉が、暴力をつくり出すために使われるようになると、①だんだん人間にとってネガティブな作用をし始めます。[あ]

言葉を発達させるうちに、文字も生まれました。最初は、石や木に書いていた文字を、紙に書くようになり、やがてそれをインサツするようになる。さらに技術が進み、そして今、ぼくたちはインターネットを通じて電子文字でつながるようになりました。[い]

そもそも文字を※3介《かい》した理解には、常に疑《うたが》いがつきまといます。会って話していれば、発せられた言葉だけの意味ではなく、相手の顔の表情や仕草、声色から裏《うら》の意味や背景《はいけい》を同時に感じることができます。相手の言葉を聞きながら、「おそらく嘘《うそ》を言っているな」とか「本気みたいだな」と思ったりするのは、人間は言葉を話しているとき、無意識のうちに感情を出すものであり、同時に相手の感情を読み取る能力をもっているからです。話し手は、相手の※4解釈《かいしゃく》が間違《まちが》っていると感じたら※5訂正《ていせい》することができます。[う]

しかし、文字は読み手本位のコミュニケーション※6ツールであって、対話ではありません。書いた人はその場にいないので、読み手の勝手な解釈が許されます。読み手本位であるために、ときに誤解《ごかい》を生んで書き手が思ってもいなかった結論《けつろん》になったりします。再現する過程で誤解が生じるのは当たり前で、それを避《さ》けることはできないのです。[え]

SNSがあたかも対話しているかのような使われ方をしていますが、それは、あくまで文字世界の延長《えんちょう》です。利用している人の中には、すぐに返事が来るから対話と同じような信頼《しんらい》関係をつくれていると反論《はんろん》する人もいるかもしれませんが、②その論理《ろんり》には二重の意味で誤解があります。

一つは、言葉は※7抽象化《ちゅうしょうか》されたものだということ。誰《だれ》かと話をしていても、それは出来事すべてを表しているわけではなく、出来事をいったん言葉に集約してそれを再現しているだけのものです。実際には、言葉だけで相手の感情はわかりません。

もう一つは、文字化したり、肉声ではないものに変換《へんかん》してしまったりした場合、そこにさらに時間的な要素が加わるということです。言葉を話すということは本来、瞬間《しゅんかん》の作業でもあります。対話を書き言葉にすると、Aさん「…」、Bさん「…」というように、時系列《じけいれつ》に並《なら》べられることになりますが、実際は、相手が話しているとき、相手の言葉を聴《き》きながら、自分が次に話すことを考えている。それは書き言葉では表現できません。文字は、相手の言葉を受けて考えた結果出てくるものではあるけれど、その瞬間に自分の胸《むね》の中に生じた感情とは違《ちが》うものです。書き文字の※8行間を読み取ることはできても、実際に言葉を肉声をもって交わし合っている状況《じょうきょう》とは違うのです。

言葉を生み出し、文字を発明し、今、インターネットの世界を介して言葉をやり取りしているぼくたちは、こうした③言葉の負の面にもあらためて目を向ける必要があるのではないでしょうか。

（山極寿一《やまぎわじゅいち》「スマホを捨《す》てたい子どもたち」ポプラ社　による）

［注］
※1　交渉　問題を解決するために話し合うこと。
※2　バーチャル　実際の物やすがたをともなわないようす。
※3　介する　間に入れること。
※4　解釈　ことばやものごとの意味を理解すること。
※5　訂正する　まちがいを正しく直すこと。
※6　ツール　道具。
※7　抽象化　いくつかのことがらや物から、共通した点をぬき出してまとめること。
※8　行間を読む　文章に表れていない筆者の気持ちをくみとること。

【文章B】

例えば、
「彼《かれ》の意見は適当だったと思う」
この一文における「適当」という言葉はどんな意味に捉《とら》えればいいでしょうか。

そもそも「適当」という言葉には「ふさわしい」「ぴったりの」「ちょうどよくあてはまる」などの他に、「いい加減」「雑」といった意味もあります。ただ、例に挙げたこの一文だけでは、この「適当」がどちらの意味で使われているのか判断がつきません。

もしこの例文の前にもう一行、
「彼はスマホのゲームに夢中で、こちらを見向きもせずに面倒《めんどう》くさそうに言った」
こちらがあればどうでしょう。ここでの「適当」は、どうやら「[B]」という意味だろうと推測《すいそく》できます。

あるいは、例文の後にもう一行、
「私《わたし》の周囲にいた人たちも、みな深くうなずいていた」
と続いていたら、ここでの「適当」は「[C]」という意味で使われているに違いないと想像がつくでしょう。

単体では不明瞭《ふめいりょう》だった「適当」という言葉の意味が、前後にある文との関係性＝文脈によって明確になったわけです。

このように、あいまいでわかりにくい文章であっても、前後との関係性を読むことで書き手の真意を理解することができます。

さらに読み書きだけでなく、話し言葉によるコミュニケーション（会話）でも同じように文脈力が求められます。

誰かが言ったことにしても、※9一言一句《いちごんいっく》を聞いただけでは、何が真意なのかは判断できません。その前後の発言とのつながりを意識して聞くことで初めて、「本当に言わんとしている真意」を汲《く》み取ることができるのです。

（齋藤孝《さいとうたかし》「大人の読解力を鍛《きた》える」幻冬舎新書《げんとうしゃしんしょ》　による）

［注］
※9　一言一句　文章や会話に出てくる一つ一つの言葉。

㊀	受検番号	

(石川県立金沢錦丘中学校)

令和六年度　石川県立中学校入学者選抜　総合適性検査Ⅰ

問題用紙

検査が始まる前に、次の〈注意〉を読んでください。

〈注意〉

一　問題用紙は、この表紙をふくめて四枚《まい》あり、これとは別に解答用紙が二枚あります。

二　答えは、全て解答用紙に記入してください。

三　受検番号は、問題用紙と解答用紙の指定された場所に記入してください。

四　解答用紙の左下にある ※ には、何も書いてはいけません。

五　検査の時間は、五十五分間です。「やめなさい」の合図でえんぴつを置き、上から問題用紙、解答用紙の順に置いてください。

六　問題用紙、解答用紙は、持ち帰ってはいけません。

指示があるまで中を見てはいけません。

問題1　【文章A】の中の、**インサツ**を、漢字で書きましょう。また、【文章A】の中の、**国家**を、ローマ字の小文字で書きましょう。

問題2　【文章A】の中の、[A]に当てはまる言葉として最も適切なものを、次のア〜エから一つ選び、記号を書きましょう。

ア　だから　　イ　または　　ウ　けれども　　エ　たとえば

問題3　【文章A】の中の、①だんだんは、どの言葉に係っていますか。次のア〜エから一つ選び、記号を書きましょう。

①だんだん　ア 人間にとって　イ ネガティブな　ウ 作用を　エ し始めます。

問題4　次の文は、【文章A】の中の、②その論理《ろんり》には二重の意味で誤解《ごかい》がありますについて、筆者が、なぜ「二重の意味で誤解がある」と考えるのか、その理由を説明したものです。[Ⅰ]、[Ⅱ]に入る適切な言葉を、それぞれ三十五字以上、四十五字以内で書きましょう。

・言葉は、[Ⅰ]から。

・言葉を文字化すると、[Ⅱ]から。

問題5　【文章A】には、次の一文が抜《ぬ》けています。【文章A】の中の、[あ]〜[え]のうち、次の一文が入る最も適切な箇所《かしょ》を一つ選び、記号を書きましょう。

本来、言葉の役割《やくわり》が発揮《はっき》される場所は、こうしたやり取りが可能な場面でした。

問題6　【文章B】の中の、**B** と **C** には、【文章B】の筆者が考える「適当」の意味の中の、どの意味が当てはまりますか。当てはまる意味として、最も適切な組み合わせを、次のア～エから一つ選び、記号を書きましょう。

ア　**B**　ちょうどよくあてはまる　　**C**　いい加減
イ　**B**　ぴったりの　　**C**　ふさわしい
ウ　**B**　いい加減　　**C**　ふさわしい
エ　**B**　雑　　**C**　いい加減

問題7　【文章A】の中に、③言葉の負の面　とありますが、次の文は、【文章B】において、どのようなことを言葉の負の面と、とらえているかを、まとめたものです。［Ⅲ］に入る適切な言葉を、【文章B】の言葉を使って、十字以内で書きましょう。

書き言葉も話し言葉も、［Ⅲ］しないと、「本当に言わんとしている真意」を理解できなかったり、汲《く》み取ることができなかったりすることを、「言葉の負の面」ととらえている。

問題8　言葉を使う上であなたが大切だと思うことを、次の条件にしたがって書きましょう。

条件1　二段落《だんらく》構成で書くこと。
条件2　第一段落では、言葉を使う上であなたが大切だと思うことを、【文章A】または【文章B】で述べられている筆者の考えと関係付けて書くこと。
条件3　第二段落では、なぜ大切だと思うのかを、具体例を挙げて書くこと。
条件4　全体を、百六十字以上、二百字以内で書くこと。（改行により空いたマスは、字数にふくみます。）
【文章A】は文章AまたはA、【文章B】は文章BまたはBなどと書いてもよい。

令和６年度　石川県立中学校入学者選抜　総合適性検査Ⅱ

問　題　用　紙

検査が始まる前に、次の〈注意〉を読んでください。

〈注意〉

1　問題用紙は、この表紙をふくめて７枚《まい》あり、[2]の問題から始まります。解答用紙はありません。

2　答えは、問題用紙の □ に記入してください。

3　どの問題から始めてもかまいません。

4　受検番号は、問題用紙１枚ごとに右上の指定された場所に記入してください。

5　問題用紙の一番下にある [※　] には、何も書いてはいけません。

6　検査の時間は、５５分間です。「やめなさい」の合図でえんぴつを置き、問題用紙を閉じ、表紙を上にして置いてください。

7　問題用紙は、持ち帰ってはいけません。

110点満点

指示があるまで中を見てはいけません。

問題１．４点×２
問題２．４点×２
問題３．９点

②	受検番号	

2　太郎《たろう》さんたち６年生は、１年生と交流を深めるために、いろいろな昔遊びを楽しむ「お楽しみ会」をすることになりました。

問題１　太郎さんたちは、１年生がどんな昔遊びをしたいかを調べるために、１年生全員にアンケートをとり、その結果を右の表に整理しました。

１年生のしたい昔遊び（人）

竹とんぼ	２１
竹馬	１７
すごろく	１５
折り紙	１４
おはじき	１０
お手玉	４
その他	３
合計	８４

（１）　竹とんぼをしたいと答えた人数は、おはじきをしたいと答えた人数の何倍ですか。答えを書きましょう。

答え　　　　倍

（２）　折り紙をしたいと答えた人数の割合《わりあい》は、１年生全体の人数の何％ですか、四捨五入して、上から２けたのがい数で答えを書きましょう。

答え　　　　％

お楽しみ会では、アンケートの結果をもとに、竹とんぼ、竹馬、すごろく、折り紙で遊ぶことに決まりました。６年生が４つのグループに分かれて、それぞれの昔遊びの準備を担当《たんとう》します。

問題２　すごろくを担当するグループでは、右の図のような、マスに１～１００の整数が書いてあるすごろくを使って、遊ぶことにしました。

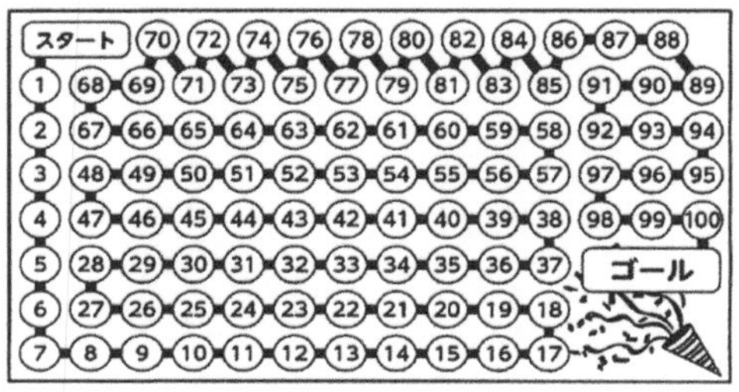

（１）　このすごろくには、止まると１回休みになるマスがいくつかあります。それらは、７でわると３余り、６でわると４余る整数のマスです。１回休みになるマスの中で、最も大きい整数は何ですか。答えを書きましょう。

答え

（２）　すごろくで遊ぶときには、右の図のような立方体のさいころを使おうと考えています。立方体の展開図として、正しいものを、次のア～エからすべて選びましょう。

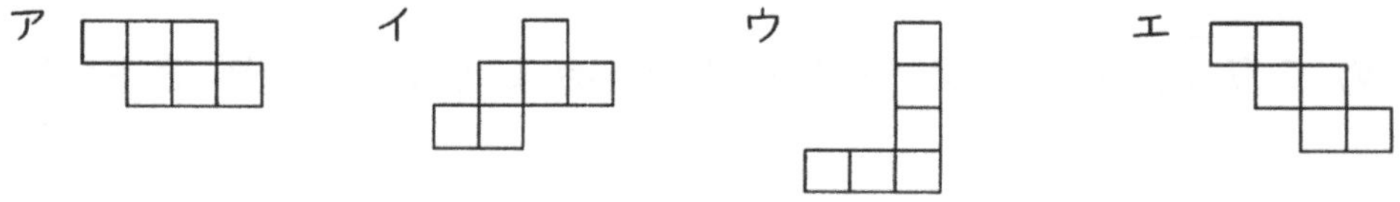

答え

問題３　折り紙を担当するグループでは、折り紙で紙飛行機を作って遊ぶために、次のようなルールを考えました。

- ６年生チームと１年生チームに分かれて、勝負をする。
- 勝負は１０回行い、１回ごとに、６年生１人と１年生１人がそれぞれ紙飛行機を飛ばす。
- 遠くまで飛ばした方を勝ちとして、引き分けの場合は、やり直す。
- ６年生が勝った場合は２点、１年生が勝った場合は３点を与《あた》える。
- １０回の勝負を終えて、合計得点の多いチームを優勝《ゆうしょう》とする。

１０回の勝負を終えて、６年生と１年生の合計得点が同じになるのは、６年生と１年生が、それぞれ何回勝ったときですか。求め方を言葉や表、式、図などを使って書きましょう。また、答えも書きましょう。

求め方

答え　６年生　　　　回、１年生　　　　回

※

③	受検番号	

問題４　竹馬を担当《たんとう》するグループでは、「上級コース」と「初級コース」の２つのコースを作ることにしました。

（１）　図１のように、中心が同じ位置にある半径が３ｍと半径が６ｍの円に、円の中心で垂直《すいちょく》に交わる２本の直線をひいて、２つのコースを作ります。「上級コース」は、太線のように、点Ａを出発して、点Ｂを通り、点Ｄを目指すコースです。また、「初級コース」は、点線のように、点Ａを出発して、点Ｃを通り、点Ｄを目指すコースです。「上級コース」と「初級コース」の差は、何ｍになりますか。答えを書きましょう。ただし、円周率は３．１４とします。

図１

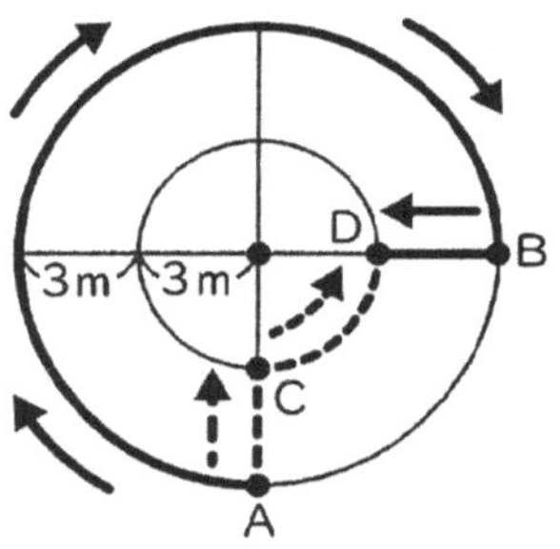

答え	ｍ

（２）　図２は、体育館の縮図《しゅくず》です。竹馬で遊ぶ場所は、縮図の正方形 ■ にあたる部分に割《わ》りあてられる予定です。実際の体育館は、縦《たて》が３０ｍ、横が２７ｍの長方形の形をしています。図１の竹馬のコースを、体育館の ■ にあたる場所に、はみ出さずに作ることはできますか。答えを、できる・できないの中から１つ選び、○で囲みましょう。また、選んだ理由を言葉や式などを使って書きましょう。

図２

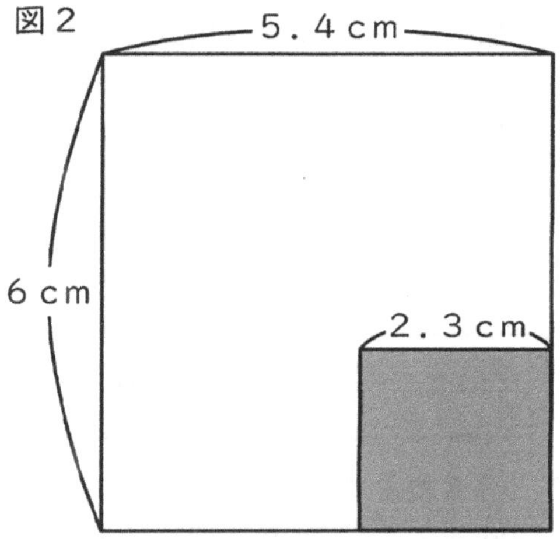

できる　・　できない　←　○で囲みましょう。

理由

問題５　竹とんぼを担当するグループでは、お楽しみ会に必要な数の竹とんぼを、牛乳パックとストローを使って、３日間で作りました。１日目は必要な数の$\frac{3}{8}$を作り、２日目は残りの６割《わり》を作り、３日目は１日目で作った数より５本少ない数を作りました。お楽しみ会に必要な竹とんぼの数は、何本ですか。求め方を言葉や式、図などを使って書きましょう。また、答えも書きましょう。

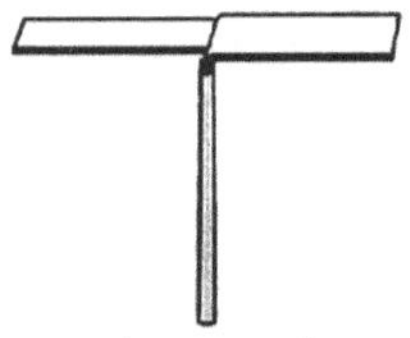
竹とんぼ

求め方

答え	本

※

問題１．３点
問題２．３点×２
問題３．６点

④	受検番号	

3　花子さんは、冬休みに静岡県から遊びに来た、いとこの健太さんと話しています。

【会話】

花子さん：いよいよ明日は静岡県に帰る日だね。冬の石川県はどうだったかな。
健太さん：食べものがすごくおいしかったよ。石川県も、静岡県と同じように海に面しているから、新鮮《しんせん》な①魚が食べられてうれしかったよ。特に連れて行ってもらったおすし屋さんのおすしがとてもおいしかったな。
花子さん：それはよかったね。加能《かのう》ガニのおすしはめずらしかったでしょう。
健太さん：ズワイガニは、石川県では「加能ガニ」って言うんだね。とてもおいしかったから、「もっとたくさんとって出荷すればいいのに。」と言ったら、おすし屋さんは、「カニ漁はいろいろなきまりで制限されているんだ。でも、そのきまりは、②これからの日本のカニ漁にとって大切なんだよ。」と言っていたね。
花子さん：そうだったね。おすし以外に何か心に残ったことはあるかな。
健太さん：金沢の街中《まちなか》をいろいろ見て歩いたのは楽しかったな。金沢城や③江戸《えど》時代に作られた兼六園《けんろくえん》の周りに、美術館や④裁判所《さいばんしょ》といった現代的な建物があって、金沢の今と昔を感じることができたよ。

問題１　右のア～エは、石川県、静岡県、香川県、沖縄県の県庁所在地の気温と降水量《こうすいりょう》を表したグラフです。
石川県と、静岡県のグラフをそれぞれ１つずつ選び、その記号を書きましょう。

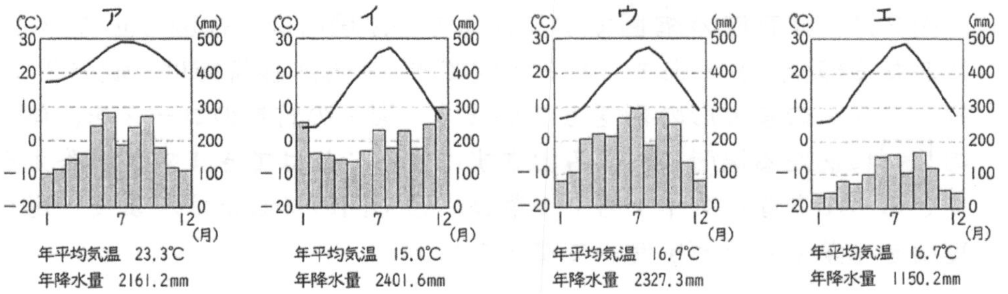

（理科年表より作成）

石川県：　　　　静岡県：

問題２　【会話】の下線部①について、花子さんは日本の漁業について興味をもち、次の【資料１】と【資料２】を調べて、読み取ったことや考えたことを【メモ】にまとめました。【メモ】の Ⅰ と Ⅱ に当てはまる言葉を、それぞれ書きましょう。

【資料１】年れい別の、漁業で働く人の数のうつり変わり

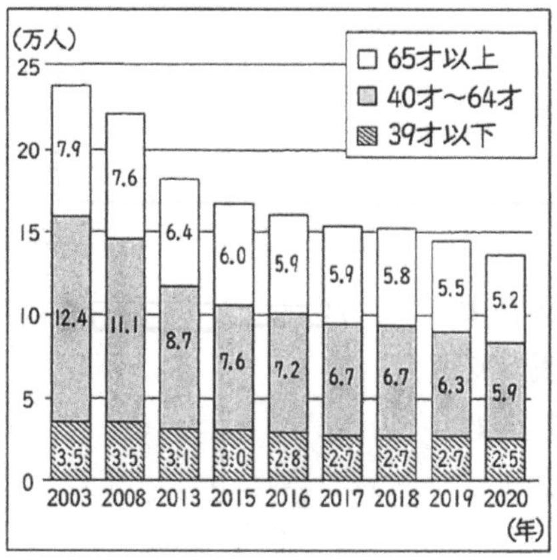

【資料２】漁業・養しょく業における、国内生産量と国内の市場に出回った量のうつり変わり

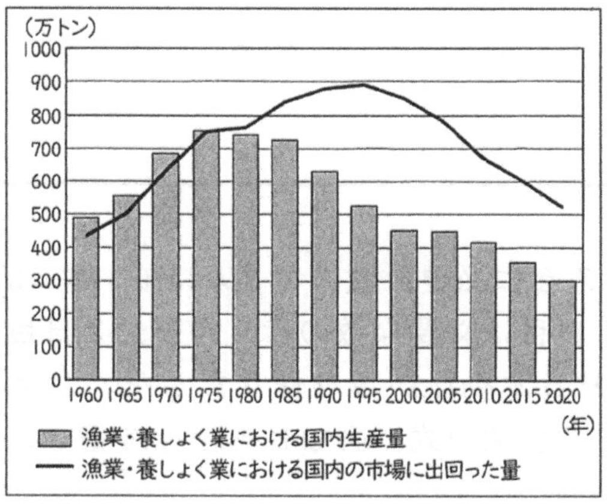

（資料１と資料２は、令和２年水産庁資料より作成）

【メモ】

【資料１】について
・漁業で働く人の全体の数は減少してきている。
・年れい別に見ると、２００３年から２０２０年にかけて、漁業で働く人の数が最も減少している年れいは、 Ⅰ である。

【資料２】について
・漁業・養しょく業における国内生産量は１９７５年を境に減少してきている。
・１９８０年ごろから、国内生産量よりも、国内の市場に出回った量が多くなっているのは、 Ⅱ が増えてきたからだと考えられる。

問題３　【会話】の下線部②について、【資料３】はズワイガニ漁に関するきまりの一部です。このきまりが、これからの日本のカニ漁にとって大切なのはなぜか、その理由を、きまりの内容にふれて書きましょう。

【資料３】ズワイガニ漁に関するきまりの一部

	獲《と》ってもよい期間	獲ってもよい大きさ
オス	１１月６日～３月２０日まで	こうらが９cm以上のもの
メス	１１月６日～１２月２９日まで	制限はないが、産卵《さんらん》できる状態まで成長していること

（水産庁資料などより作成）

※

問題４．⑴２点
⑵２点
⑶６点
問題５．⑴２点
⑵３点

⑤	受検番号	

問題４　【会話】の下線部③について、花子さんは、江戸幕府《えどばくふ》の政治に興味をもち、調べました。

（１）　関ケ原《せきがはら》の戦いに勝利し、１６０３年に江戸幕府を開いた人物の名前を書きましょう。

（２）　花子さんは、江戸時代の身分に関する【資料４】を見つけました。【資料４】の A ～ C に当てはまる身分の組み合わせとして適切なものを、次のア～ウから１つ選び、記号を書きましょう。

ア　A：百姓《ひゃくしょう》　B：武士　C：町人
イ　A：武士　B：百姓　C：町人
ウ　A：町人　B：武士　C：百姓

【資料４】江戸時代の身分ごとの人口

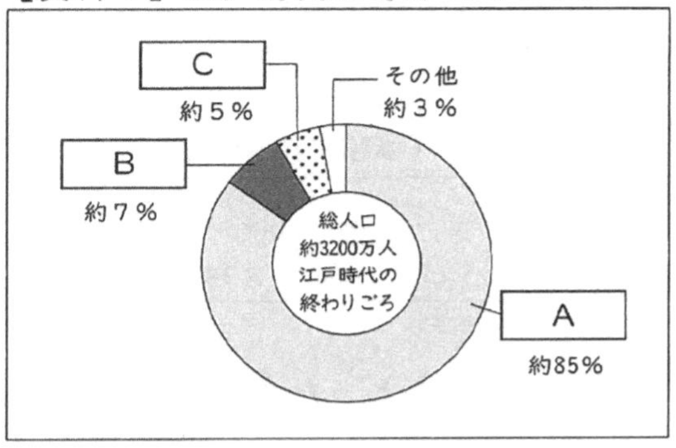

（「近世日本の人口構造」より作成）

（３）　花子さんは、江戸幕府が行った政治に関する【資料５】と【資料６】を見つけ、これらの政策《せいさく》が幕府の力を強めることにつながっていたと分かりました。

【資料５】と【資料６】の政策が、幕府の力を強めることにつながっていた理由を書きましょう。

【資料５】おもな大名の配置

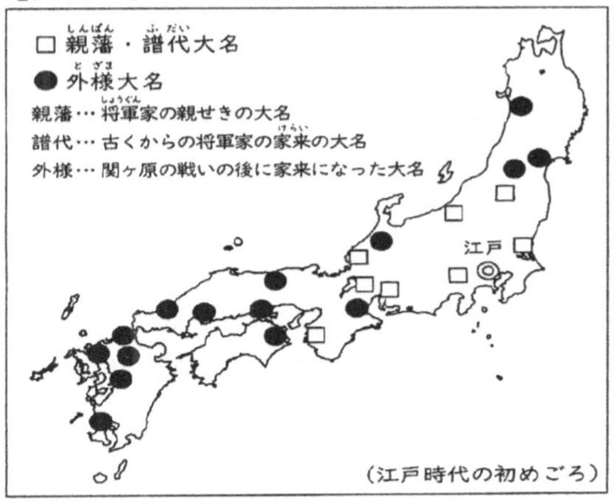

【資料６】武家諸法度《ぶけしょはっと》（一部要約）

・大名は、自分の領地と江戸との交代勤務《きんむ》を定める。毎年４月に参勤すること。

問題５　【会話】の下線部④について、【資料７】は、３回まで裁判《さいばん》を受けられるしくみの例です。

（１）　【資料７】の（　X　）に当てはまる言葉を書きましょう。

【資料７】３回まで裁判を受けられるしくみの例

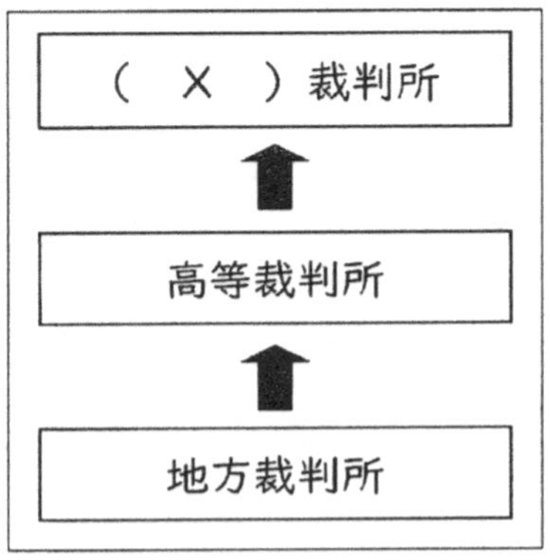

（２）　【資料７】のように、日本では判決の内容に納得《なっとく》できない場合には、３回まで裁判を受けられるしくみになっています。その理由として最も適切なものを、次のア～エから１つ選び、記号を書きましょう。

ア　裁判に国民の感覚を取り入れるため。
イ　判決のまちがいを防ぎ、国民の人権《じんけん》を守るため。
ウ　国のきまりである法律《ほうりつ》を話し合って決めるため。
エ　主権者《しゅけんしゃ》としての意見を政治に反映させるため。

※

問題1．３点×２
問題2．３点
問題3．３点
問題4．５点

⑥	受検番号	

4　太郎《たろう》さんと花子さんは、夏休みに自然学習センターで行われるキャンプに参加しました。

【会話１】

太郎さん：木がたくさんある森の中を、ハイキングするのは気持ちがいいね。
花子さん：そうだね。今日は朝からとても暑いけれど、木の多いところは空気もおいしくて、すずしく感じるね。
太郎さん：木が多いところがすずしく感じるのは、日かげができるからだけじゃなくて、植物の葉から水蒸気《すいじょうき》が出ていることも理由の一つだと、以前読んだ本に書いてあったよ。
花子さん：植物の葉には小さなあながあって、そこから水蒸気が出ているって、理科で学習したよね。
太郎さん：もどって、植物の葉を観察してみよう。

問題１　【会話１】の下線部について、次の表は空気の成分を表したものです。（　①　）、（　②　）に当てはまる気体名をそれぞれ書きましょう。

空気の成分（体積での割合）

（　①　） 約７８％	（　②　） 約２１％	二酸化炭素など 約１％

①
②

ハイキングからもどった太郎さんたちは、植物の葉にある小さなあなについて観察することにしました。

問題２　太郎さんは、何種類かの植物の葉を用意し、それぞれの葉の表面にある小さなあなを、顕微鏡《けんびきょう》で観察しました。図１は、顕微鏡の操作《そうさ》手順の一部を説明したものです。（　①　）～（　④　）に当てはまる操作を、次のア～エからそれぞれ１つずつ選び、記号を書きましょう。

ア　横から見ながら調節ねじを回して、対物レンズとプレパラートをできるだけ近づける。
イ　接眼レンズをのぞきながら反射鏡《はんしゃきょう》を動かして、明るく見えるようにする。
ウ　ステージにプレパラートを置いて、クリップでとめる。
エ　接眼レンズをのぞきながら、調節ねじを少しずつ回して、はっきり見えるところで、調節ねじをとめる。

図１

<顕微鏡の操作手順>
対物レンズの倍率を一番低い倍率にする。
↓
（　①　）
↓
（　②　）
↓
（　③　）
↓
（　④　）

①　　②　　③　　④

問題３　顕微鏡の倍率はどのようにして求められるか、次の（　　　）に当てはまる言葉を書きましょう。

顕微鏡の倍率　＝（　　　　　　）×（　　　　　　）

太郎さんたちは、葉の表面を顕微鏡で観察したあと、実際に葉から水蒸気が出ていることを確かめるための実験方法について話し合いました。

【会話２】

太郎さん：晴れた日に、花だんにあるホウセンカに袋《ふくろ》をかぶせてしばらくおいたとき、袋の内側に水てきがつけば、葉から水蒸気が出ていることになるよね。
花子さん：それだけだと確かめられないよ。葉の大きさや数、くきの太さが同じホウセンカを２つ用意して、一方の葉を全部とってそれぞれに袋をかぶせて、その２つを比べないといけないよ。

図２

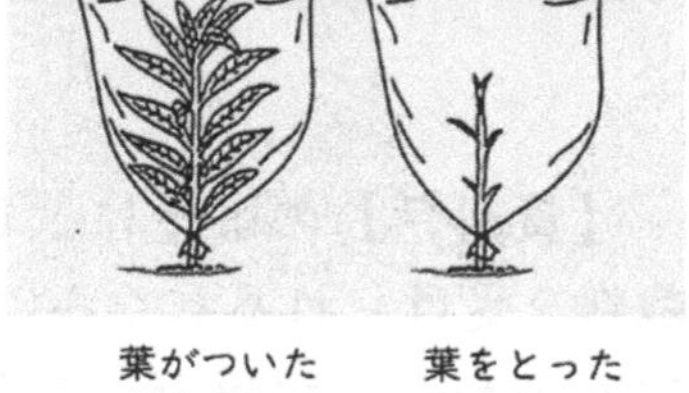

葉がついたホウセンカ　　葉をとったホウセンカ

問題４　【会話２】の下線部について、葉から水蒸気が出ていることを確かめるために、図２のように、２つのホウセンカを比べなければいけないのはなぜか、その理由を書きましょう。

※

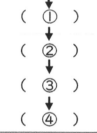

問題5．５点
問題6．５点
問題7．３点

⑦	受検番号	

次に、太郎《たろう》さんと花子さんは、夜に行われる星の観察会に向けて、準備を手伝うことにしました。

【会話3】

太郎さん：あれっ、方位磁針《ほういじしん》の針《はり》の矢印が、ちがう向きを指しているよ。

花子さん：針の矢印が北を指していない方位磁針は、正確な方位磁針ではないから、取りのぞかなければならないね。

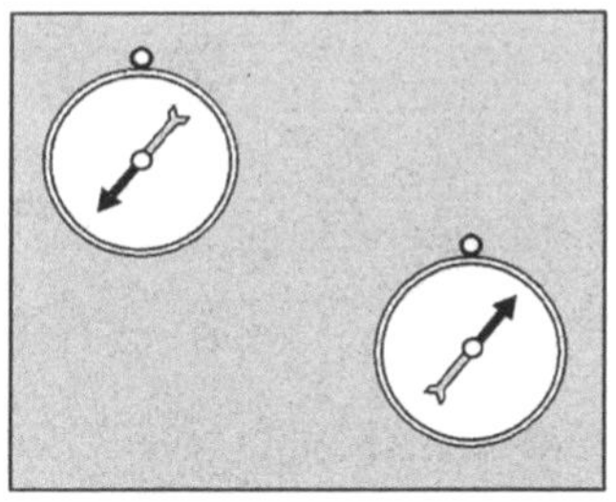

太郎さん：そうだね。じゃあ、正確な方位磁針の方を、針が磁石《じしゃく》になっていることを利用して、見つけたらどうかな。棒《ぼう》磁石を持ってきて、その棒磁石の（　①　）極を、方位磁針の針の矢印の先にゆっくり近づけたとき、矢印の先が（　②　）方位磁針は、正確な方位磁針だと判断できるよね。

花子さん：棒磁石を持ってこなくても、太陽の位置と時刻をもとに考えれば、針の矢印が北を指す正確な方位磁針がどれか判断できるよ。

太郎さん：じゃあ、それぞれの方法で判断して、正確な方位磁針を見つけよう。

問題5　【会話3】の（　①　）、（　②　）に当てはまる言葉を書きましょう。

①	②

問題6　【会話3】の下線部について、花子さんが方位磁針を持って、午後3時に、自然学習センターの庭に出ると、方位磁針の針は、図3のように指しました。この方位磁針は北を指しているか、北を指していないかを判断し、○で囲みましょう。また、そのように判断した理由を書きましょう。

北を（指している ・ 指していない） ← ○で囲みましょう。

理由

図3

星の観察会の準備をしていた太郎さんは、自然学習センターの図書室で【資料】を見つけました。

問題7　【資料】の下線部について、北極星が方角を知る目印となったのはなぜか、その理由を、他の星とのちがいにふれて書きましょう。

【資料】

北極星は、北斗七星《ほくとしちせい》やカシオペヤ座をもとに見つけることができます。

北極星は、昔の人にとって方角を知る大切な目印でした。だから、道しるべのないところを旅するとき、人々は北極星を見つけて方角を確認していました。

※

②

受検番号

令和六年度　総合適性検査Ⅰ　解答用紙　一枚《まい》目《め》

問題１

インサツ

問題２

問題３

問題４

Ⅰ

35字

45字

Ⅱ

35字

45字

問題５

国家

問題１．２点×２
問題２．２点
問題３．２点
問題４．６点×２
問題５．３点

（解答用紙はもう一枚あります。）

※40点満点

※

③

受検番号

令和六年度　総合適性検査Ⅰ　解答用紙　二枚《まい》目《め》

問題6

問題7

Ⅲ

10字

問題8

200字

160字

条件１　二段《だん》落《らく》構成で書くこと。

条件２　第一段落では、言葉を使う上であなたが大切だと思うことを、【文章Ａ】または【文章Ｂ】で述べられている筆者の考えと関係付けて書くこと。

条件３　第二段落では、なぜ大切だと思うのかを、具体例を挙げて書くこと。

条件４　全体を、百六十字以上、二百字以内で書くこと。（改行により空いたマスは、字数にふくみます。）

【文章Ａ】は文章ＡまたはＡ、【文章Ｂ】は文章ＢまたはＢなどと書いてもよい。

問題６．３点
問題７．６点
問題８．８点

※

①

受検番号

（石川県立金沢錦丘中学校）

令和五年度　石川県立中学校入学者選抜　総合適性検査Ⅰ

問題用紙

検査が始まる前に、次の〈注意〉を読んでください。

〈注意〉

一　問題用紙は、この表紙をふくめて四枚あり、これとは別に解答用紙が二枚あります。

二　答えは、全て解答用紙に記入してください。

三　受検番号は、問題用紙と解答用紙の指定された場所に記入してください。

四　解答用紙の左下にある［※］には、何も書いてはいけません。

五　検査の時間は、五十五分間です。「やめなさい」の合図でえんぴつを置き、上から問題用紙、解答用紙の順に置いてください。

六　問題用紙、解答用紙は、持ち帰ってはいけません。

指示があるまで中を見てはいけません。

1

次の【文章】を読んで、あとの問いに答えましょう。（※が付いている言葉には〔注〕があります。）

【文章】

これは、とある農村での話である。この村のジュウミンはそれぞれ、自宅《じたく》でウシを飼っていた。ウシたちは、村共有の牧草地で放牧され、草を食《は》んで暮《く》らしていた。村人は、ウシの乳《ちち》をしぼったり、ときにウシを市場に売ったりしてくらしの足しにしていたのである。こういう状況《じょうきょう》がながく続き、村人たちの生活は安定していたのだが、ある日、知恵《ちえ》のはたらく村人が、自分の飼うウシの数を増やすことにしたのである。子ウシを何頭も買ってきて共有地で放牧し、大きくなったら売りさばく。こうしてこの村人は成功し、財をなしたのである。[あ]

これを見ていたほかの村人たちも「よし、おれもウシの数を増やそう」と思い立ち、その結果村の共有地で放牧されるウシの数が激増《げきぞう》するに至《いた》った。しかし、共有地の面積にはかぎりがあり、そこで育つ牧草の量にもかぎりがある。やがて牧草は食べつくされ、ウシたちはみんな飢《う》え死《じ》にしてしまった。結局村人たちはみなお金を損して、不幸になってしまった。①これが共有地の悲劇《ひげき》という※1寓話《ぐうわ》である。

共有地の悲劇の寓話が興味《きょうみ》深いのは、人間が環境《かんきょう》問題を引き起こす※2メカニズムの※3核心《かくしん》をついているからだ。みんな毎日を精いっぱいに生き、なんとかして自分や家族のくらしをゆたかにしようと知恵をしぼり工夫をこらしているのだ。彼《かれ》らは、ウシの数が増えすぎたらやがて牧草が食べつくされて悲劇が起こることも予期している。しかしそれでも、彼らはウシの数を減らさない。どうせ自分が減らしたって、ほかの村人がどんどんウシの数を増やすのが目に見えているからだ。将来《しょうらい》はこのゲームの参加者全員が敗者になることが分かっていても、いまこの瞬間《しゅんかん》、お金を稼《かせ》ぐのをやめられないのである。こういう現象は、寓話の世界だけじゃなく、現実に起こっている。

共有地の悲劇が生じるのは、※4収奪《しゅうだつ》される対象物が公共の場所にあり、誰《だれ》かの所有物ではない場合である。公共物と私有物《しゆうぶつ》の違《ちが》いはたいへん重要で、この違いが共有地の悲劇の発生を決定づけている。ひとつ例を考えてみよう。現代の日本において、肉牛は[Ⅰ]である。野良犬《のらいぬ》みたいな野良牛がそのへんを歩いてて、誰の持ち物でもない、なんてことはあり得ない。

ここで、もし牛のステーキを食べることが大ブームになって、肉が高く売れるようになったらどうなるか考えてみよう。牛の生産者組合は「いまだけ儲《もう》かればいい」と考えてすべての牛を出荷してしまうだろうか。そうなると、牛は絶滅《ぜつめつ》してしまう。牛でお金を儲けることはできない。だから②そんなことは絶対にしないのである。

僕《ぼく》ら人間は、私有物の場合は後先考えながら大事にあつかうが、共有物は粗末《そまつ》にあつかう。こういう人間の※5性《さが》が出るのが共有地の悲劇なのである。「いやいや、僕ら日本人の大半には良心というものがあって、共有物だからといって無茶はしない。むしろ共有物こそ大切にするように教わっている」なんて反論《はんろん》もあるかもしれない。それはそのとおりである。良識ある人びとは、共有地の悲劇を避《さ》けるために自制心をはたらかせることが可能なのだ。[A]、ほんのひと握《にぎ》りの人たちが、密漁《みつりょう》などの無茶をすることによって、社会や自然環境に深刻《しんこく》な被害《ひがい》がおよんでしまう。これが共有地の「悲劇」と呼《よ》ばれる※6ゆえんだ。[い]

さらに言おう。僕ら日本人の大半はウナギの密漁をしない。ならばウナギの激減《げきげん》問題に※7潔白かというと、そうでもないのである。ウナギを食べるのは僕ら多くの日本人。僕らがお金を払《はら》ってウナギを食べるから密漁が存在《そんざい》するのである。僕らがウナギを食べることが問題の原因であり、僕らは[Ⅱ]にウナギの激減に手を貸していると言えてしまうのだ。

共有地の悲劇を避けるにはどうすればよいか。③ひとつの方法は、すべてを私有物にすることだ。しかしこれ、現実には不可能なことも多々《たた》ある。完全養殖《ようしょく》が実用化できていないウナギもそう。日本列島から遠く離《はな》れたフィリピン近海の深い海で産卵《さんらん》するウナギを完全に私有物にすることは不可能だ。[う]

もうひとつの方法は、ルールづくりである。ひと握りの無法者が無茶をしないように、社会でルールをつくって、それをみんなが守るように監視《かんし》し、違反者《いはんしゃ》にはしかるべき措置《そち》を講じる。これによって共有地の悲劇を避けることは、理論《りろん》上《じょう》は可能である。現に、環境を破壊《はかい》する行為《こうい》はこれまで、国内の法律《ほうりつ》や国際的な条約によって規制されてきて、一定の成果をあげている。[B]このような規制は万能《ばんのう》とは程《ほど》遠く、多くの問題やほころびが※8露呈《ろてい》している。早いもん勝ち、獲《と》ったもん勝ちという考え方は世界に蔓延《まんえん》していて、アマゾンの熱帯雨林の違法伐採《いほうばっさい》とか、貴重《きちょう》な野生動物の密猟《みつりょう》とか、世界中で※9枚挙《まいきょ》のいとまがないほど共有地の悲劇の実例が存在している。

生物学者である僕は、生物としての人間が持つ性《さが》をいやというほどわかっている。それでもなお、人間は環境問題を解決できると信じている。考えてみれば、人間は後先を考えて、未来の幸せのためにいまがまんすることができる生物である。これが、④人間とその他の生物の大きなちがいだ。人類が農耕や牧畜《ぼくちく》を「発明」したのはこのような性質を持っていたから。ひと握りの小麦や一匹《いっぴき》の子ヒツジを手に入れたとき、それらを食べてしまえばすぐに満腹《まんぷく》になるし、手間もかからない。しかし人類は、がまんしてそれらを食べずに育てることの意味を知った。苦労して世話をして育てることで、将来、より多くの食べものが得られるのである。これは、未来の幸福のためにいまがまんできる理性という人間の特徴《とくちょう》が生み出したものである。[え]

だから、僕ら人類は環境問題を解決できる可能性を持っていると思う。いま、ある程度がまんすることで将来僕らや僕らの子孫たちが幸せになれるのなら、そういう選択《せんたく》ができる動物なのだ。環境問題はたいへん深刻だし、共有地の悲劇を生み出す人間の性《さが》から逃《のが》れることもできない。それでもなお、希望を捨《す》てずに解決を目指すべきだ。

（伊勢武史《いせたけし》「2050年の地球を予測する ― 科学でわかる環境の未来」筑摩書房《ちくましょぼう》 による）

〔注〕

※1 寓話　読む人や聞く人に教えとなるようなたとえ話。
※2 メカニズム　しくみ。
※3 核心　物事の中心となっている大切なところ。
※4 収奪　うばい取ること。
※5 性　生まれつきの性質。
※6 ゆえん　わけ。理由。いわれ。
※7 潔白　心や行いが正しく、悪いところがないこと。よくないことが、外にあらわれ出ること。
※8 露呈　また、さらけ出すこと。
※9 枚挙のいとまがない　数えられないほど、たくさんあること。

問題1　【文章】の中の、ジュウミンを、漢字で書きましょう。また、【文章】の中の、発生を、ローマ字の小文字で書きましょう。

問題2　【文章】の中の、［Ⅰ］と［Ⅱ］に当てはまる言葉として最も適切なものを、次のア～エから一つずつ選び、それぞれ記号を書きましょう。

Ⅰ　ア　対象物　イ　公共物　ウ　私有物《しゆうぶつ》　エ　混合物

Ⅱ　ア　直接的　イ　具体的　ウ　積極的　エ　間接的

問題3　【文章】の中の、［A］と［B］に当てはまる言葉の組み合わせとして最も適切なものを、次のア～エから一つ選び、記号を書きましょう。

ア　A　そして　B　むしろ

イ　A　しかし　B　ただし

ウ　A　しかし　B　なぜなら

エ　A　だから　B　ところで

問題4　次の文は、【文章】の中の、①これが共有地の悲劇《ひげき》という寓話《ぐうわ》であるについて、この寓話が、なぜ「悲劇」といわれるのか、その理由を説明したものです。［　］に入る適切な言葉を、三十字以上、四十字以内で書きましょう。

村人たちが財をなそうと、子ウシを何頭も買ってきて、牧草の量にかぎりのある共有地で放牧したことが、［　］から。

問題5　【文章】の中に、②そんなこととありますが、それはどんなことですか。十字以上、二十字以内で書きましょう。

問題6　【文章】の中に、③ひとつの方法は、すべてを私有物にすることだとありますが、筆者がこのように考えるのは、なぜですか。二十字以上、三十字以内で書きましょう。

問題7　【文章】には、次の一文が抜《ぬ》けています。【文章】の中の[あ]～[え]のうち、次の一文が入る最も適切な箇所《かしょ》を一つ選び、記号を書きましょう。

> 一部の欲望《よくぼう》に忠実《ちゅうじつ》な人たちの行動が環境《かんきょう》問題を生み出してしまうのである。

問題8　この【文章】の表現のくふうを述べたものとして最も適切なものを、次のア～エから一つ選び、記号を書きましょう。

ア　読者の共感を得られるように、文末を「です」、「ます」で統一したり、呼《よ》びかけの表現を多く用いたりしている。

イ　説得力を高めるために、自分自身が実際に体験したことを、自分の主張の根きょとして取り上げ、具体的に述べている。

ウ　異《こと》なる考えの読者にも納得《なっとく》してもらえるように、予想される反論《はんろん》を入れて、それに対して自分の考えを述べている。

エ　読者に内容を分かりやすく伝えるために、図や表などの資料を用いたり、具体的な数値《すうち》を示したりしている。

問題9　次の【資料A】と【資料B】には、環境問題の一つである地球温暖化《ちきゅうおんだんか》に関する内容が、それぞれ書かれています。これらの資料を参考にして、地球温暖化を解決するために、あなたができることを、あとの条件にしたがって書きましょう。

【資料A】

> 地球は、太陽の光によって温められます。これまでは、地球の周りにある「温室効果ガス」が、地球から宇宙《うちゅう》ににげていく熱を吸収《きゅうしゅう》し、温室のように地球を快適な温度にしてくれていました。
>
> しかし、温室効果ガスが増えすぎると、宇宙に熱がにげなくなり、どんどん地球が暑くなってしまうのです。温室効果ガスは、二酸化炭素のほかにメタンなどもありますが、ほとんどが二酸化炭素です。
>
> つまり、二酸化炭素が増えると、地球の熱がこもってしまいます。これが地球温暖化です。

※　環境省「知ろう！学ぼう！明日のためにこども環境省」をもとに作成。

【資料B】

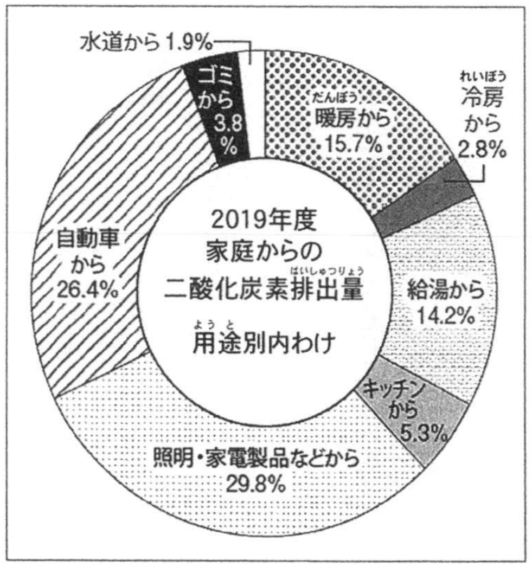

※　国立環境研究所　地球環境研究センター「温室効果ガスインベントリオフィス」をもとに作成。

条件1　二段落《だんらく》構成で書くこと。
条件2　第一段落では、地球温暖化の原因について書くこと。
条件3　第二段落では、【文章】の中の、④人間とその他の生物の大きなちがいにふれて、地球温暖化を解決するために、あなたができることを具体的に書くこと。
条件4　全体を、百六十字以上、二百字以内で書くこと。（改行により空いたマスは、字数にふくみます。）

①	受検番号	

令和５年度　石川県立中学校入学者選抜　総合適性検査Ⅱ

問　題　用　紙

検査が始まる前に，次の〈注意〉を読んでください。

〈注意〉

1　問題用紙は，この表紙をふくめて７枚あり，2 の問題から始まります。解答用紙はありません。

2　答えは，問題用紙の □ に記入してください。

3　どの問題から始めてもかまいません。

4　受検番号は，問題用紙１枚ごとに右上の指定された場所に記入してください。

5　問題用紙の一番下にある ※ には，何も書いてはいけません。

6　検査の時間は，５５分間です。「やめなさい」の合図でえんぴつを置き，問題用紙を閉じ，表紙を上にして置いてください。

7　問題用紙は，持ち帰ってはいけません。

110点満点

指示があるまで中を見てはいけません。

問題１．４点×２
問題２．４点×２
問題３．⑴３点×２
　　　　⑵４点

②	受検番号	

２　太郎《たろう》さんの家族は，近くに住む太郎さんのおばあさんの誕生日《たんじょうび》をお祝いする計画を立てています。

問題１　太郎さんと妹は，おばあさんへメッセージカードをおくることにしました。

（１）　太郎さんは，自分と妹の分として，１枚《まい》２８０円のカードを２枚と，１ふくろ１７０円のシールを２ふくろ買います。１０００円を出したときのおつりはいくらですか，答えを書きましょう。

答え　　　　円

（２）　３年前のおばあさんの誕生日には，おばあさんの年れいは太郎さんの年れいのちょうど８倍になりました。今年のおばあさんの誕生日に太郎さんが１２才になっているとすると，おばあさんは今年何才になりますか，答えを書きましょう。

答え　　　　才

問題２　太郎さんたちは，おばあさんにマフラーをプレゼントしようと考えています。

（１）　太郎さんは，インターネットで見つけた４種類のマフラーについて，１本あたりの値段《ねだん》をそれぞれ右の表にまとめました。表の４種類のマフラーについて，１本の平均の値段はいくらですか，答えを書きましょう。

マフラー	A	B	C	D
値段（円）	3000	3190	3230	3080

答え　　　　円

（２）　太郎さんたちは，近所のお店でマフラーを買いました。太郎さんたちが買ったマフラーは，もとの値段の２０％引きで買うことができたので，代金は２６４０円でした。太郎さんたちが買ったマフラーのもとの値段はいくらですか，答えを書きましょう。

答え　　　　円

問題３　太郎さんは，「ＨＡＰＰＹ　ＢＩＲＴＨＤＡＹ」の１３文字を，紙１枚に１文字ずつ印刷して，おばあさんの家でかざろうと思っています。

（１）　下の図のアルファベットの中から線対称な図形と点対称な図形をすべて選び，それぞれアルファベットで書きましょう。

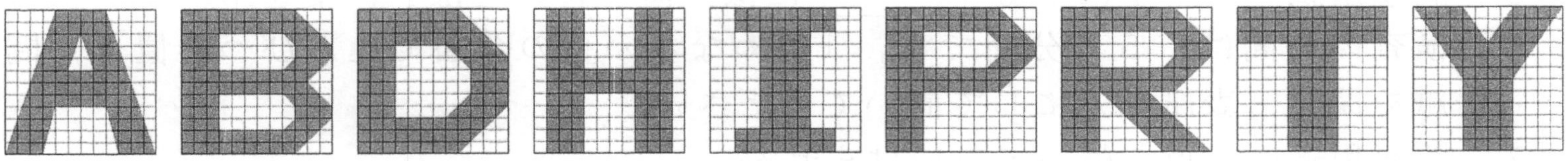

線対称：

点対称：

（２）　太郎さんの家のプリンターを使うと，１分間に４枚印刷することができます。１３枚を印刷するのにかかる時間は何分何秒ですか，答えを書きましょう。ただし，１枚を印刷するのにかかる時間は，どの文字も同じであるとします。

答え　　　　分　　　　秒

※

③	受検番号	

太郎《たろう》さんたちは，おばあさんの誕生日《たんじょうび》に向けて寿司《すし》を注文し，ケーキを作ることにしました。

問題４　太郎さんたちは，寿司屋で５４００円のにぎり寿司のセットを１つ注文しました。さらに，にぎり寿司のセットの中には入っていない，１つ１５０円のいなり寿司と１つ２５０円のエビの寿司を合わせて７つ追加で注文しました。それらを誕生日の当日におばあさんの家に配達してもらうことにしたので，配達料４００円を加えると，合計金額は７２５０円になりました。太郎さんたちは，いなり寿司とエビの寿司をそれぞれいくつ注文しましたか，求め方を言葉や表，式，図などを使ってかきましょう。また，答えも書きましょう。

求め方

答え　いなり寿司：　　　つ　，エビの寿司：　　　つ

問題５　太郎さんたちは，ケーキを作りました。ケーキの土台となるスポンジの形が，右の図のような円柱だとすると，この円柱の側面の面積は何ｃｍ^{2}になりますか，求め方を言葉や式を使って書きましょう。また，答えも書きましょう。ただし，円周率は３．１４とします。

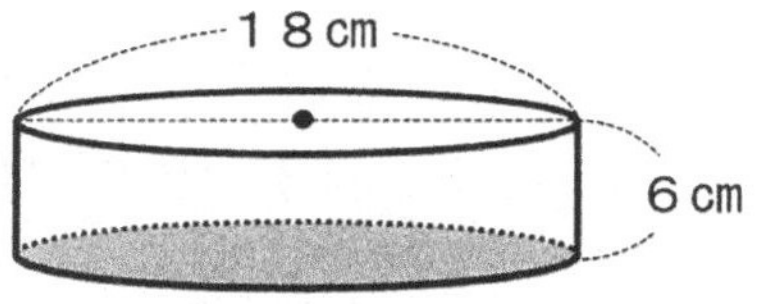

求め方

答え　　　ｃｍ^2

問題６　誕生日の当日，太郎さんは自転車で，お父さんたちは車で，同じ道を通ってそれぞれおばあさんの家に行きます。お父さんたちは，午後７時ちょうどにおばあさんの家に着くように，午後６時５２分に家を出ることにしました。太郎さんは，お父さんたちがおばあさんの家に着くまでにかざりつけなどの準備を終わらせるため，先におばあさんの家に行くことにしました。準備に１５分間かかるとすると，お父さんたちが着くまでに準備を終えるには，太郎さんはおそくとも，午後何時何分までに家を出ればよいですか，求め方を言葉や式を使って書きましょう。また，答えも書きましょう。ただし，車は時速３０ｋｍ，自転車は分速２００ｍで進むこととします。

求め方

答え　午後　　　時　　　分

※

問題１．３点
問題２．２点
問題３．(1)６点

④	受検番号	

3 花子さんは，珠洲市《すずし》の親せきの家へ家族で遊びに行くことになり，お父さんと計画を立てています。

【会話】

花子さん：①珠洲市の親せきの家に行く前に，能登《のと》半島をドライブしていこうよ。
お父さん：それはいいね。それなら，輪島市の②伝統的工芸品を売っているお店に行って，輪島塗《わじまぬり》の器《うつわ》を見たいな。
花子さん：私《わたし》は，伝統的な③米づくりを続けている輪島市の白米千枚田《しろよねせんまいだ》も見てみたいな。
お父さん：そういえば，花子は歴史の勉強が好きだと言っていたね。
能登半島の一部は昔，④能登国《のとのくに》とよばれていて，七尾市には国分寺跡《こくぶんじあと》も残っているよ。
花子さん：そうなんだね。帰りに七尾市にも寄ってみたいな。

問題１　【会話】の下線部①の位置について，花子さんとお父さんは，【地図】で確かめています。下の□に，当てはまる方位を，八方位で書きましょう。

珠洲市の親せきの家の位置は，
花子さんの家から見て，□の方向にあります。

【地図】

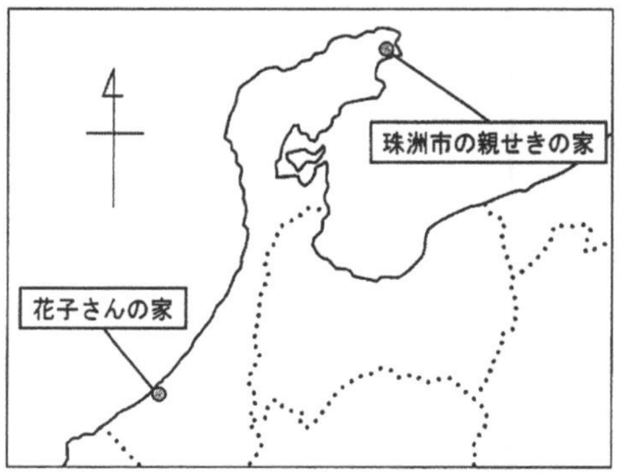

問題２　【会話】の下線部②について，花子さんは，全国と石川県の伝統的工芸品に興味をもち，全国と石川県における伝統的工芸品の総生産額とその内わけについて調べました。【資料１】と【資料２】から読み取れることとして最も適切なものを，あとのア～エから１つ選び，記号を書きましょう。

【資料１】全国の伝統的工芸品の総生産額とその内わけ

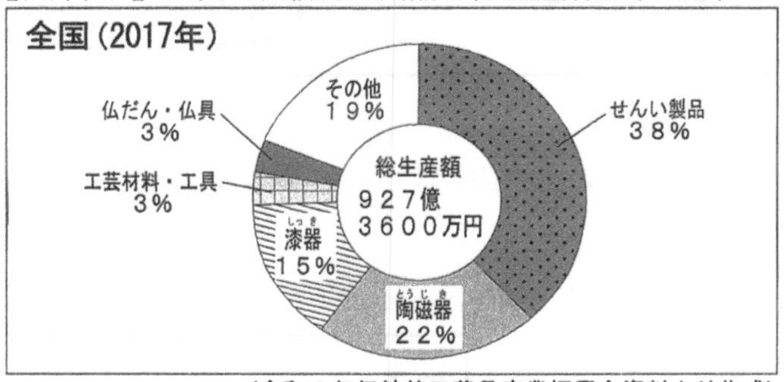

（令和３年伝統的工芸品産業振興会資料より作成）

【資料２】石川県の伝統的工芸品の総生産額とその内わけ

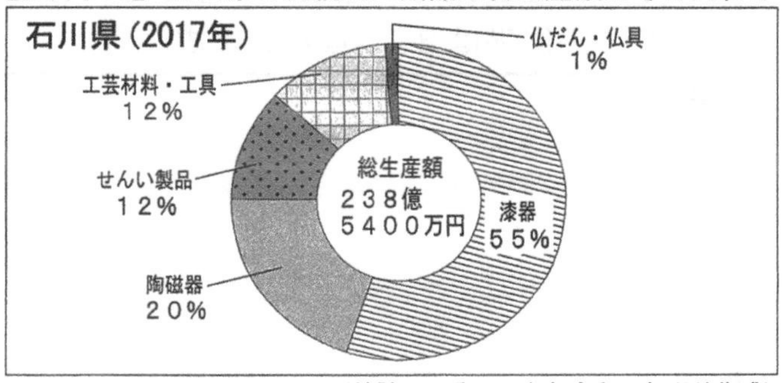

（統計でみるいしかわ令和３年より作成）

ア　全国，石川県ともに生産額が高い上位２つの伝統的工芸品は，せんい製品と陶磁器である。
イ　石川県の伝統的工芸品の総生産額は，全国の伝統的工芸品の総生産額の３割以上である。
ウ　石川県の漆器の生産額は，１００億円をこえている。
エ　全国の伝統的工芸品の総生産額における工芸材料・工具の割合は，石川県の伝統的工芸品の総生産額における工芸材料・工具の割合よりも大きい。

問題３　【会話】の下線部③について，花子さんは，日本の農業や米づくりに興味をもち，調べました。

（１）　花子さんは，日本の農業に関する【資料３】を見つけ，この資料から考えられる日本の農業の課題について【ノート】にまとめました。【ノート】の ① と ② に当てはまる内容を，それぞれ書きましょう。

【資料３】日本の農業で働く人数の変化

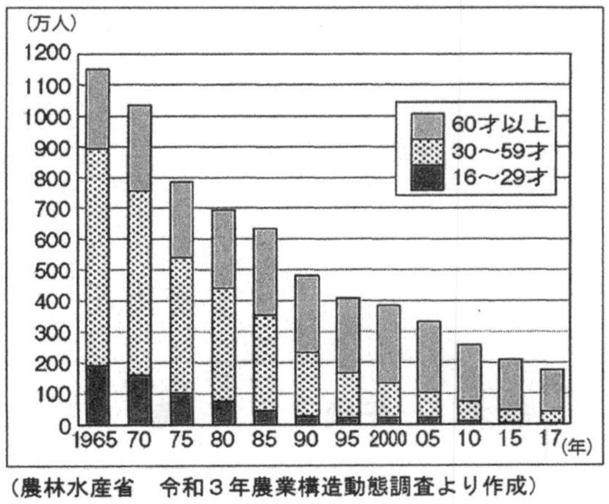

（農林水産省　令和３年農業構造動態調査より作成）

【ノート】

【資料３】から，日本の農業の課題として，
①
ということや
②
ということが，考えられる。

※

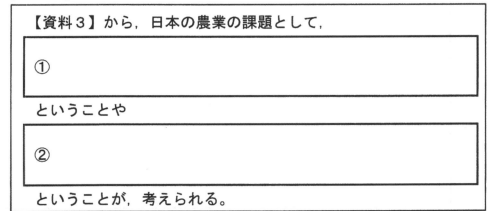

問題３．⑵５点
問題４．⑴２点
⑵３点
問題５．⑴６点
⑵３点

⑤	受検番号	

（２）　花子さんは，日本の米づくりの歴史について興味をもち，日本で米づくりが広がったころの世の中のようすについて調べ，【資料４】と【資料５】を見つけました。日本で米づくりが広がったころの世の中のようすについて，【資料４】と【資料５】から分かることを，米づくりと関係づけて書きましょう。

【資料４】復元された吉野ヶ里遺跡《よしのがりいせき》

さくやほりで囲まれたむら

（吉野ヶ里歴史公園ＨＰより作成）

【資料５】吉野ヶ里遺跡の出土品

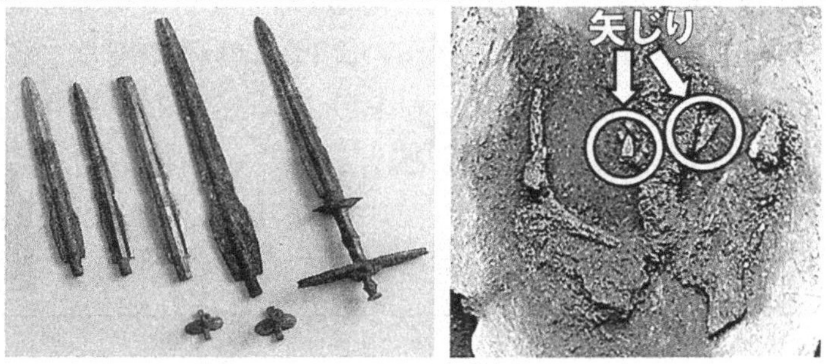

剣《けん》　人骨《じんこつ》にささった矢じり

（佐賀県提供資料より作成）

問題４　【会話】の下線部④について，花子さんは，国分寺について調べ，分かったことを【ノート】にまとめました。

【ノート】

○ ⑤聖武天皇《しょうむてんのう》が全国に国分寺を建てるよう命令した。
○ 能登国《のとのくに》には長い間，国分寺が存在《そんざい》しなかったが，聖武天皇の命令が出てから，およそ１００年後の⑥８４３年に，もともと建てられていた大興寺《だいこうじ》を国分寺とした。

（１）　【ノート】の下線部⑤について，この時代の世の中のようすやできごとを述べた文として最も適切なものを，次のア～エから１つ選び，記号を書きましょう。

ア　中国の文化をもとに，日本風の新たな文化が，貴族《きぞく》のくらしの中から生まれた。
イ　中国から日本にわたった僧《そう》である鑑真《がんじん》が，唐招提寺《とうしょうだいじ》を開いた。
ウ　大王《おおきみ》を中心とした国の政府である大和朝廷《やまとちょうてい》（大和政権《やまとせいけん》）が，国土を統一しはじめた。
エ　聖徳太子《しょうとくたいし》が，天皇中心の国づくりを進めた。

（２）　【ノート】の下線部⑥について，このころの日本の都は，現在のどの都道府県にありましたか。その都道府県名を漢字で書きましょう。

問題５　花子さんは，輪島塗《わじまぬり》や白米千枚田《しろよねせんまいだ》を守り，後世に伝えていくための様々《さまざま》な取り組みを行っている輪島市の政治について調べました。また，国や市の政治は日本国憲法《にほんこくけんぽう》にもとづいて行われていることをお父さんから聞きました。

（１）　花子さんは，国や市の政治が，日本国憲法のどのような考え方にもとづいて行われているのかについて，調べたことを【ノート】にまとめました。【ノート】の ① と ② に当てはまる言葉を，それぞれ書きましょう。

【ノート】

日本国憲法には，
① ，基本的人権《きほんてきじんけん》の尊重《そんちょう》，② という三つの原則があり，
国や都道府県，市町村などの地方公共団体の政治は，この憲法の考えにもとづいて行われている。

（２）　花子さんは，日本国憲法によって，様々な国民の権利《けんり》が保障《ほしょう》されているとともに，国民が果たさなければならない義務についても定められていることを知りました。憲法に定められている国民が果たさなければならない義務に当てはまるものを，次のア～オからすべて選び，記号を書きましょう。

ア　子どもに教育を受けさせる
イ　居住・移転と職業を自由に選ぶ
ウ　税金を納《おさ》める
エ　健康で文化的な生活を営む
オ　政治に参加する

※

問題１．３点
問題２．(1)３点
(2)５点

⑥	受検番号	

4 太郎《たろう》さんと花子さんは，林や草むらにすむこん虫について調べるために，近くの自然公園に行きました。

【会話１】

太郎さん：ブランコがあるね。あとで乗ってみようよ。
花子さん：うん。そういえば，理科の授業でふりこの勉強をしたけれど，ブランコもふりこのしくみを利用した遊具だよね。
太郎さん：そうすると，ふりこが１往復する時間は，ふりこの（　　　　　）によって変わるから，ブランコも「ふりこのきまり」が当てはまるかな。

ブランコ

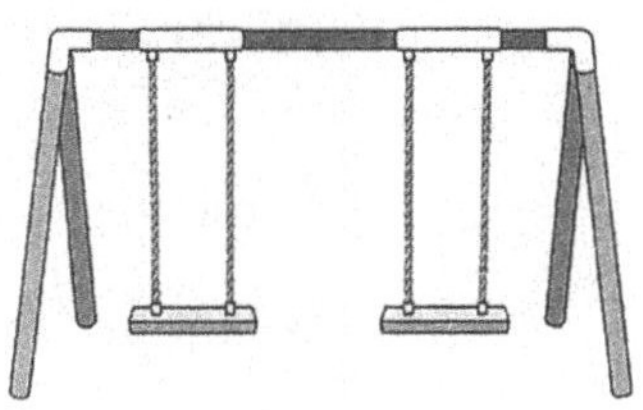

問題１　【会話１】の（　　　）に当てはまる言葉を，次のア～ウから１つ選び，記号を書きましょう。

ア　ふれはば　　　イ　長さ　　　ウ　おもりの重さ

太郎さんたちは，公園の中でカブトムシとバッタを見つけました。

問題２　太郎さんは，持ってきたタブレット型たん末で，見つけたカブトムシとバッタの写真をとり，それぞれのこん虫の情報を整理しています。

（１）　こん虫のせい虫の体は，どれも頭・むね・はらの３つに分かれています。カブトムシの頭・むね・はらを正しく分けているものを，次のア～エから１つ選び，記号を書きましょう。

ア

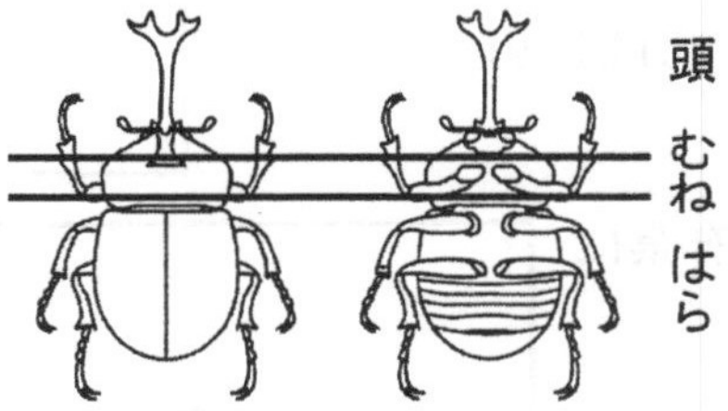

イ

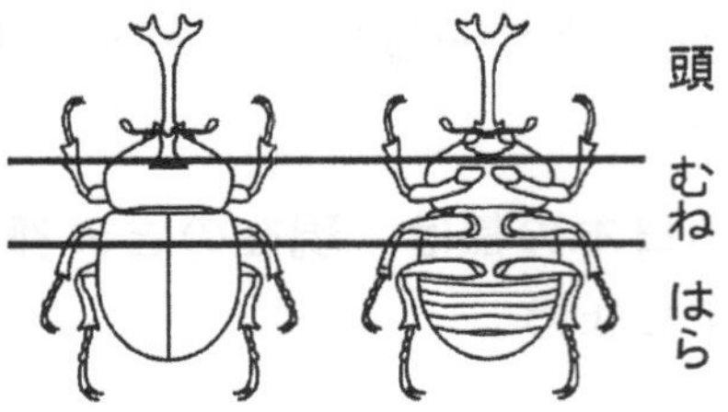

ウ

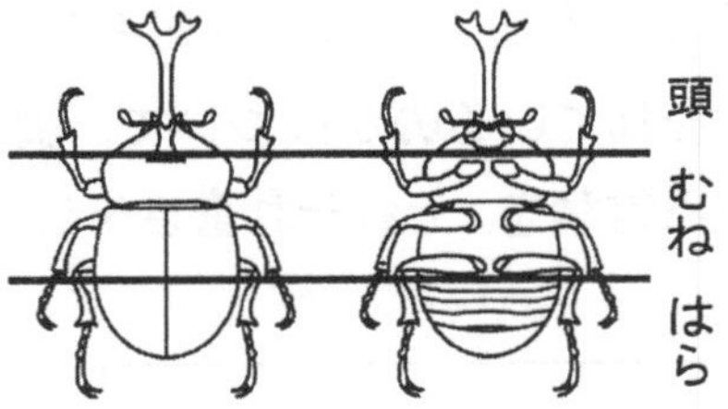

エ

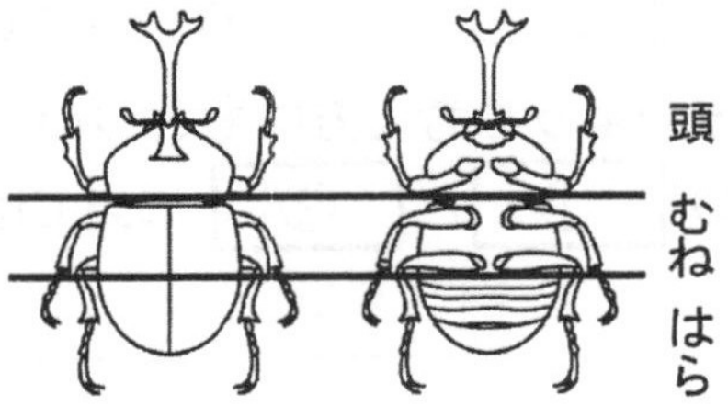

【太郎さんが整理した情報】

○カブトムシ

・コナラの木に１匹《ぴき》だけいた。
・つのがあるので，おす。

○バッタ

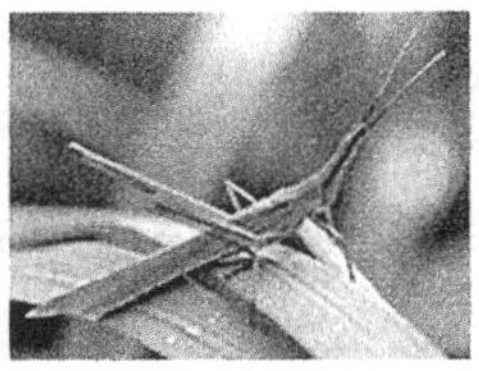

・草むらの中にいた。
・おすかめすかは，分からない。

◎カブトムシもバッタも，たまご→よう虫→さなぎ→せい虫の順に育つ。

（２）　【太郎さんが整理した情報】の下線部について，太郎さんが書いた内容は正しくありません。内容が正しくなるように，書き直しましょう。

※

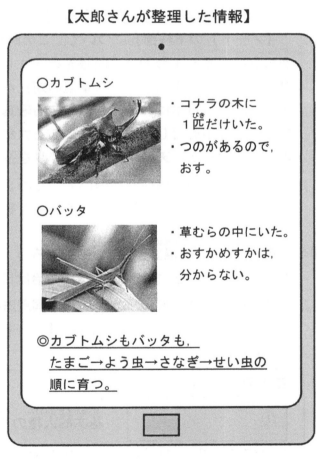

太郎《たろう》さんたちは，公園のベンチにすわって休けいをしています。

【会話２】

花子さん：今日は天気予報が一日中晴れだったから，午後からまだまだ①気温が高くなるね。
太郎さん：そうだね。晴れの日は，くもりや雨の日よりも１日の気温の変化が大きいからね。
花子さん：あれっ，ベンチに置いてあるお茶のパックのストローから，パックがたおれていないのに，お茶があふれてこぼれているよ。冷たいお茶を半分飲んで置いてあっただけなのに，なぜだろう。
太郎さん：②お茶のパックを日なたに置いてあったことが原因だと思うよ。

花子さんが飲んでいたパックのお茶

問題３　【会話２】の下線部①について，次の（１）と（２）に答えましょう。

（１）　温度計で気温を正しくはかるとき，「地面からの高さが１．２ｍ～１．５ｍのところではかること」以外にどのようなことに気をつければよいか，「風通し」，「日光」の言葉を使って，書きましょう。

（２）　温度計の目もりの読み方として正しいものを，図１のア～ウから１つ選び，記号を書きましょう。

図１

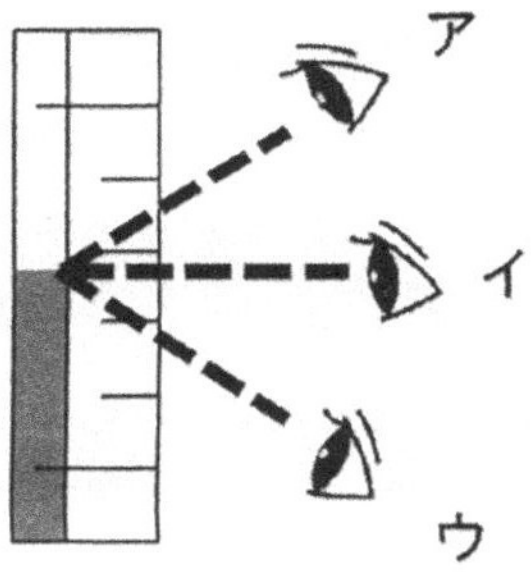

問題４　【会話２】の下線部②について，太郎さんがそのように考えた理由を，空気の性質をふまえて，書きましょう。

観察を終えて家に帰った花子さんは，夜，丸くてきれいな月がのぼっていることに気づきました。

問題５　この日に花子さんが見た月は満月です。この満月の日から１２日前に同じ場所で見えた月はどのような形をしていたと考えられますか，次のア～エから最も近いものを１つ選び，記号を書きましょう。また，その月は太陽がしずむころ，どの位置に見えたと考えられますか，最も適切なものを，図２のオ～キから１つ選び，記号を書きましょう。

図２

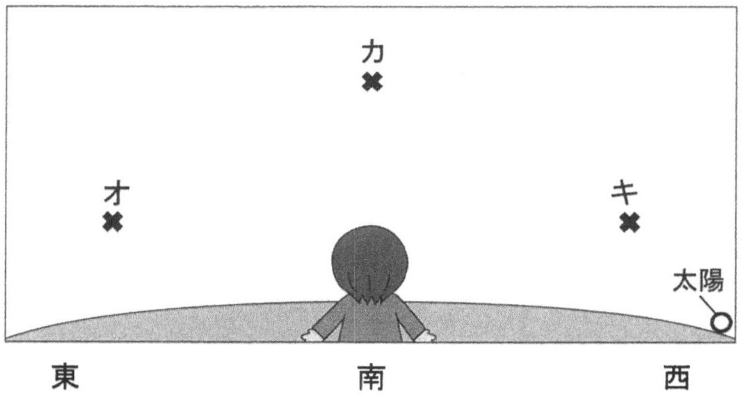

月の形：　　　　　，月の位置：

※

②

受検番号

令和五年度　総合適性検査Ⅰ

解答用紙

一枚《まい》目《め》

問題１．２点×２
問題２．２点×２
問題３．２点
問題４．６点
問題５．５点

発生（はっせい）

問題１

ジュウミン

問題２

Ⅰ

Ⅱ

問題３

問題４

40字

30字

問題５

20字

10字

（解答用紙はもう一枚あります。）

※40点満点

※

③
受検番号

令和五年度　総合適性検査Ⅰ　解答用紙　二枚目《まいめ》

問題6．5点
問題7．3点
問題8．3点
問題9．8点

問題6

20字

30字

問題7

問題8

問題9

200字　160字

条件1　二段落《だんらく》構成で書くこと。
条件2　第一段落では、地球温暖化《ちきゅうおんだんか》の原因について書くこと。
条件3　第二段落では、【文章】の中の、④人間とその他の生物の大きなちがい　にふれて、地球温暖化を解決するために、あなたができることを具体的に書くこと。
条件4　全体を、百六十字以上、二百字以内で書くこと。（改行により空いたマスは、字数にふくみます。）

※

①

受検番号

（石川県立金沢錦丘中学校）

令和四年度　石川県立中学校入学者選抜　総合適性検査Ⅰ

問題用紙

検査が始まる前に、次の〈注意〉を読んでください。

〈注意〉

一　問題用紙は、この表紙をふくめて四枚あり、これとは別に解答用紙が二枚あります。

二　答えは、すべて解答用紙に記入してください。

三　受検番号は、問題用紙と解答用紙の指定された場所に記入してください。

四　解答用紙の左下にある［※］には、何も書いてはいけません。

五　検査の時間は、五十五分間です。「やめなさい」の合図でえんぴつを置き、上から問題用紙、解答用紙の順に置いてください。

六　問題用紙、解答用紙は、持ち帰ってはいけません。

指示があるまで中を見てはいけません。

1　次の【文章A】と【文章B】を読んで、あとの問いに答えましょう。（※が付いている言葉には〔注〕があります。）

【文章A】

社会には、自分一人が存在《そんざい》するのではない。沢山《たくさん》の人間がいる。みんながそれぞれ勝手に生きている。本当に大勢がわりと近くにいる。これは、驚《おどろ》くべきことではないだろうか。動物でいうと、水牛の群れみたいなものかもしれない。①それが人間の社会である。そして、その社会という群れの中にあって、人は沢山の人に出会う。話をし、議論《ぎろん》をし、ときには争いもする。

自分の行動は、自覚できる。考えていることもわかる。□、他人の行動は、目の前にいなければ見ることができない。考えていることは、顔を見たってわからない。だから、他者に出会ったりしたときに、話をすることになる。言葉でコミュニケーションを取る。なんらかの現象について説明をしたり、教えてもらったり、出来事などについても、それを見た人から様子を聞いたりする。

つまり、自分の時間と空間内では経験できないことであっても、他者と出会うことによって、※1擬似的《ぎじてき》に体験できる。人を通して知ることができるのだ。これが、群れを成している最大の※2メリットだといえる。沢山で集まっているほど、この情報収集《しゅうしゅう》能力が高まる。誰《だれ》か一人が気づけば、みんながそれを知ることができるからだ。

この言葉によるコミュニケーションが、文字に代わったものが本なのである。

結局、本というのは、人とほぼ同じだといえる。本に出会うことは、人に出会うこととかぎりなく近い。それを読むことで、その人と知合いになれる。先生、友達、あるいは恋人《こいびと》と、本によってどんな「人」なのかという違《ちが》いはあるけれど、ほぼ「個人」である。そして、多くの場合、それはその本の著者《ちょしゃ》であり、またあるときは本の語り手（主人公）といえる。

近頃《ちかごろ》、友達がいない、仲間に入れない、といった「孤独《こどく》」が問題視《もんだいし》されている。そういったものがニュースになる、という意味である。ただ、孤独な人間が増えている、とは僕《ぼく》は認識《にんしき》していない。何故《なぜ》なら、人間の歴史を過去へ向かって眺《なが》めれば、そもそも大多数の人間は、ほとんど他者とコミュニケーションを取らなかった。取ったとしても、せいぜい自分の家族、集落の一部の人間だけだったはずだ。今ほど、大勢の人間の言葉が聞け、自分の言葉を聞いてもらえる時代は存在しなかった。②そんな情報過多の今だからこそ孤独が問題視されている、という見方もあるかもしれないが、単に無理につながろうとする反動というのか、明るすぎるから蔭《かげ》がくっきりと目立っているだけとしか捉《とら》えられないのである。

それはさておき、本選びは、結局は、人選びであり、つまりは、友達を選ぶ感覚に近いものだと思える。誰か面白《おもしろ》そうな奴《やつ》はいないか、あいつと少し話をしてみよう、といった感覚だ。そして、そういった場合には、二つの方向性が求められている。

一つは、「未知」である。あいつは、自分の知らないことを知っていそうだ。なにかにやにやしている。きっと、楽しい出来事に※3遭遇《そうぐう》したのだ。教えてもらおう、といった感じで本を選ぶ。この方向性は、若《わか》いときには主流だったのではないだろうか。若者には、ほとんどのものが未知だからである。

もう一つは、「確認《かくにん》」だろう。自分が考えていることに同調してほしい。だから、だいたい自分と同じものが好きで、同じ興味《きょうみ》を持っている人と知合いになりたい。この傾向《けいこう》は最近では特に※4顕著《けんちょ》で、ネットで検索《けんさく》が楽になったこともあってか、自分と相性《あいしょう》がぴったりの人と出会いたい、と大勢が望んでいるようだ。同様に、本についても、自分の意見を後押《あとお》ししてくれるものを読みたい。本を読んで、「そうだ、そうだ、やっぱり思ったとおりだ。これで良かったのだ」と思いたい。読むことで自身を承認《しょうにん》してもらいたい、という心理で本が選ばれるのである。

僕の場合を書いておくと、僕はカンゼンに前者で本を選ぶ。後者で選ぶものは、趣味《しゅみ》の雑誌《ざっし》くらいだろう。一般《いっぱん》の書籍《しょせき》ではほぼありえない。これは、人間に対しても同じで、僕は、趣味や意見が同じ人と知合いになりたいと思ったことがないのだ。③自分にないものを持っている人と知合いになることが、そもそも知合いになる価値《かち》なのではないか、と思えるのだ。

（森博嗣《もりひろし》「読書の価値」NHK出版 による）

〔注〕
※1　擬似的　本物によく似ているさま。
※2　メリット　有利な点。また、長所。
※3　遭遇　思いがけず出あうこと。
※4　顕著　はっきりしていて目立つ様子。

【文章B】

だいたいふたつの目的で私《わたし》たちは本を読みます。

ひとつは、本に慣れること。スポーツ選手が練習するのと同じように、一定の読書量をこなして、さまざまな文章形式や考え方に慣れておく必要があります。もうひとつは、自分の考え方を整理するとき、似た分野の他の人の考え方を利用しています。

つまり、自分の考えの入り口と出口で本は重要なのですが、自分の考えをつくってゆくときには、それほど重要ではありません。むしろさまざまな他者と関係を結ぶことの方がずっと大切です。映画《えいが》を観《み》たいと思って映画館に行く。すると二時間くらい、映画という他者と関係を結ぶことになる。東日本大震災《だいしんさい》で被害《ひがい》の大きかった三陸地域《さんりくちいき》に行ってみたいと思う。そこでは被災者《ひさいしゃ》との関係が生まれるかもしれません。見に行くだけでもいまの三陸の自然との関係ができる。そうやってできた関係をとおして、何かを感じることができるようになる。

ふと何かをやってみたいと思ったとき、私たちはなんらかのかたちで他者と関係を結ぼうとしている。そしてそこで結んだ関係を通して、自分の考えはでてくる。ある意味では本も、本というかたちであらわれてきたひとつの他者です。本を読むことで、本という他者と関係を結びながら、自分の考えをつくってゆく。自分の考えは自分だけでつくるのではありません。

だからやってみたいと思ったことは、何でもやってみるのがいい。

（「高校生と考える人生のすてきな大問題」左右社　内山節《うちやまたかし》「考えはどこから生まれてくるのか」による）

問題１　【文章Ａ】の中の、カンゼン を、漢字で書きましょう。また、【文章Ａ】の中の、社会 を、ローマ字の小文字で書きましょう。

問題２　【文章Ａ】の中の、□ に当てはまる言葉として最も適切なものを、次のア～エから一つ選び、記号を書きましょう。

ア　そこで　　イ　しかし　　ウ　または　　エ　つまり

問題３　次の文は、【文章Ａ】の中の、①それ が、どのような状態を表すのかを説明したものです。□ に入る適切な言葉を、二十字以上、二十五字以内で書きましょう。

水牛の群れみたいに、沢山《たくさん》の人間が □ 状態。

問題４　次の文は、【文章Ａ】の中の、②そんな情報過多の今だからこそ孤独《こどく》が問題視《もんだいし》されている について、「情報過多の今」とは、どのような時代かを説明したものです。Ⅰ に入る適切な言葉を、二十五字以上、三十五字以内で書きましょう。また、Ⅱ に入る適切な言葉を、十五字以上、二十五字以内で書きましょう。

Ⅰ とちがって、Ⅱ 時代。

問題５　【文章Ａ】の中に、③自分にないものを持っている人と知合いになることが、そもそも知合いになる価値《かち》なのではないか、と思えるのだ とありますが、筆者がこのように考える理由として最も適切なものを、次のア～エから一つ選び、記号を書きましょう。

ア　自分の時間と空間内では経験できないことでも、その人を通して擬似的《ぎじてき》に体験できるから。
イ　その人から自分の意見を後押《あとお》ししてもらうなど、自身を承認《しょうにん》してもらうことができるから。
ウ　自分の家族、集落の一部の人間だけとコミュニケーションを取ることが大切だから。
エ　社会という群れの中では、その人もふくめて、沢山の人に出会うことが重要であるから。

問題６　【文章Ａ】と【文章Ｂ】を読み比べて、石川さんは、それぞれの筆者の考え方を、次のように【ノート】にまとめています。これを読んで、あとの問いに答えましょう。

【ノート】

	【文章Ａ】	【文章Ｂ】
本（読書）について	〈筆者にとっての本〉 人とほぼ同じ 〈本選びの二つの方向性〉 ①「未知」 ②「確認《かくにん》」	〈筆者にとっての本〉 ひとつの他者 〈読書の二つの目的〉 ①本に慣れること ②［Ⅰ］
読書の効果	自分にないものを持っている人（本）と知合いになることができる。	［Ⅱ］ことができる。

(1)　【ノート】の中の［Ⅰ］に入る適切な言葉を、「～こと」という形で、二十五字以上、三十五字以内で書きましょう。

(2)　【ノート】の中の［Ⅱ］に入る適切な言葉を、【文章Ｂ】の中から十字以上、十五字以内で抜《ぬ》き出して書きましょう。

問題７　「読書」をする上であなたが大切だと思うことを、次の条件にしたがって書きましょう。

条件１　二段落《だんらく》構成で書くこと。
条件２　第一段落では、「読書」をする上であなたが大切だと思うことを、【文章Ａ】または【文章Ｂ】で述べられている筆者の考えと関係付けて書くこと。
条件３　第二段落では、あなたの考えの理由を、具体例を挙げて書くこと。
条件４　百六十字以上、二百字以内で書くこと。（改行により空いたマスは、字数にふくみます。）【文章Ａ】は文章ＡまたはＡ、【文章Ｂ】は文章ＢまたはＢなどと書いてもよい。

①	受検番号	

令和４年度　石川県立中学校入学者選抜　総合適性検査Ⅱ

問　題　用　紙

検査が始まる前に，次の〈注意〉を読んでください。

〈注意〉

1　問題用紙は，この表紙をふくめて７枚あり，[2]の問題から始まります。解答用紙はありません。
2　答えは，問題用紙の [　　] に記入してください。
3　どの問題から始めてもかまいません。
4　受検番号は，問題用紙１枚ごとに右上の指定された場所に記入してください。
5　問題用紙の一番下にある [※　] には，何も書いてはいけません。
6　検査の時間は，５５分間です。「やめなさい」の合図でえんぴつを置き，問題用紙を閉じ，表紙を上にして置いてください。
7　問題用紙は，持ち帰ってはいけません。

110点満点

指示があるまで中を見てはいけません。

問題１．５点×２
問題２．８点
問題３．(1)６点

②	受検番号	

2 太郎《たろう》さんは，来週の家族旅行に向けて，お母さんと計画を立てています。

問題１　太郎さんたちは，旅行当日は駅から電車に乗って，目的地のＡ市に向かいます。

（１）　太郎さんたちは，右の図のように，家から駅に向かうとちゅうにあるコンビニエンスストアで買い物をし，その後，駅に向かう予定です。家から駅までの道のりは何ｋｍですか。答えを書きましょう。

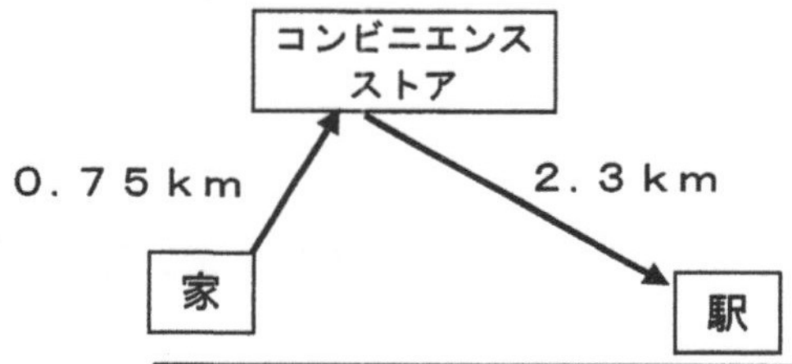

答え　　　　ｋｍ

（２）　太郎さんとお母さんは，旅行の計画を立てながら１Ｌのジュースを分けて飲んでいます。太郎さんはコップに $\frac{1}{3}$ Ｌ注ぎ，お母さんはコップに $\frac{2}{5}$ Ｌ注ぎました。残ったジュースは何Ｌですか。答えを書きましょう。

答え　　　　Ｌ

問題２　太郎さんは，Ａ市をおとずれた観光客２０００人にとったアンケートの結果が整理されている【資料１】と【資料２】を，インターネットで見つけました。

【資料１】

Ａ市をおとずれた目的

目的	人数（人）
温せんめぐり	６８０
名所観光	４２０
グルメ	４００
遊園地	１９０
その他	３１０
合計	２０００

【資料２】

【資料１】で名所観光，遊園地と答えた人の年代別の割合《わりあい》

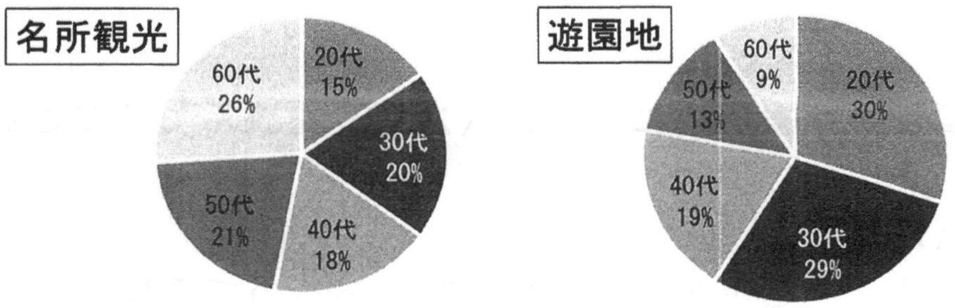

太郎さんは２つの資料を見て，「名所観光と答えた２０代の割合よりも，遊園地と答えた２０代の割合のほうが大きいです。だから，名所観光よりも遊園地と答えた２０代の人数のほうが多いです。」と言いました。

太郎さんが言っている，下線部のことは正しくありません。

その理由を，言葉と式を使って書きましょう。

理由

問題３　太郎さんは，Ａ市にある遊園地について調べました。

（１）　先週の土曜日と日曜日の，遊園地の入園者数の合計は，４０６０人でした。また，土曜日と日曜日の入園者数は，３：４の割合でした。遊園地の日曜日の入園者数は何人でしたか。答えを書きましょう。

答え　　　　人

※

（２）　遊園地には，バイキングとよばれる大型ブランコがあります。太郎《たろう》さんは，バイキングのしょうかい動画で，図１のように，船の星印がＡからＢまで動いているのを見て，船をつり下げている鉄柱と星印の動きの中に，ある図形を見つけました。
星印はどのように動いていますか。図２に，星印がＡからＢまで動く線を，定規やコンパスを使わずにかき入れましょう。
また，太郎さんが見つけた図形を，次のア～エから１つ選び，記号を書きましょう。

バイキング

ア　二等辺三角形　　イ　正三角形　　ウ　ひし形　　エ　円の一部

図１　バイキングを横から見た図

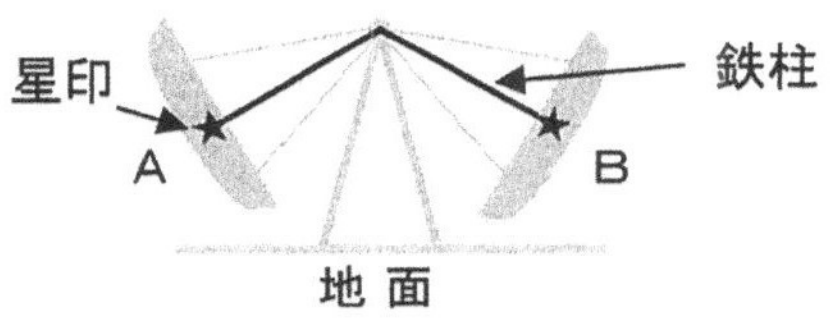

図２

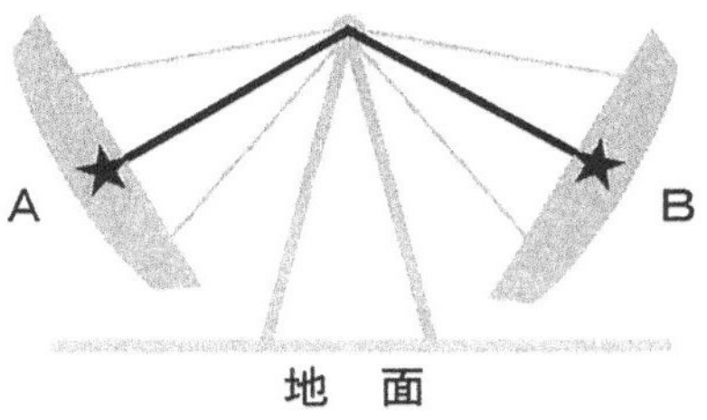

記号

（３）　太郎さんは，学校の友達２５人に，遊園地にあるジェットコースターやバイキングに乗ったことがあるかどうかについて質問をし，その結果を下の表に整理することにしました。表の中の**ア**に当てはまる人数を書きましょう。
また，表の中の「**4**」はどのような人数を表していますか。言葉を使って書きましょう。

質問の結果　（人）

		バイキングに乗ったことがあるか		合計
		ある	ない	
ジェットコースターに乗ったことがあるか	ある		**ア**	１９
	ない	**4**		
合計		１１		２５

アに当てはまる人数

人

「**4**」が表す人数

（４）　太郎さんは，遊園地のフリーパス（乗り放題付き入園《にゅうえん》券《けん》）について，学校の友達から聞いたことを，【メモ】にまとめました。そして，その【メモ】から，小学生１人分のフリーパスの料金を求めることにしました。小学生１人分のフリーパスの料金はいくらですか。求め方を言葉や式や図を使って書きましょう。また，答えも書きましょう。

【メモ】

- １人分のフリーパスは，「大人」「中学生」「小学生」の３種類あり，それぞれ料金がちがう。
- 大人３人と小学生２人のとき，フリーパスの料金の合計は２２９００円だった。
- 大人２人と中学生１人と小学生１人のとき，フリーパスの料金の合計は１８８００円だった。
- 「中学生」１人分のフリーパスの料金は，「小学生」１人分のフリーパスの料金よりも１０００円高い。

求め方

答え　　　　　円

※

3　花子さんは，北陸新幹線について，お父さんと話をしています。

【会話】

花子さん：２０１５年に開業した北陸新幹線は，①金沢駅から東京駅まで，約４５０ｋｍの道のりを，最短で２時間２７分で行けるんだよね。
お父さん：そうだよ。以前は，３時間３０分以上かかっていたから，かなり短い時間で行けるようになったんだ。
花子さん：そういえばお父さん，北陸新幹線で長野県に出張に行っていたよね。
お父さん：うん。そのとき食べた，②長野県産のセロリは新鮮《しんせん》でおいしかったな。
花子さん：私も食べてみたいな。
お父さん：ところで，北陸新幹線などの全国の新幹線の整備には，③国会でつくられた法律が関係していることは知っているかい。
花子さん：へぇ，知らなかった。国会について調べてみたいな。

問題１　【会話】の下線部①について，花子さんは北陸新幹線のルートについて調べてみました。

（１）　【地図】には北陸新幹線のルートが示されています。これを見て，花子さんは北陸新幹線が通る都道府県を順に書き出してみました。次の［Ａ］と［Ｂ］に当てはまる県名を，それぞれ漢字で書きましょう。

【地図】

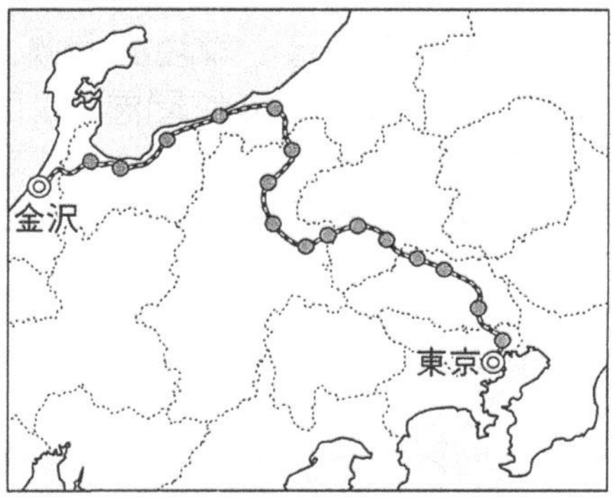

【北陸新幹線が通る都道府県】

石川県→［Ａ］→［　］→長野県→［Ｂ］→［　］→東京都

Ａ：　　　　県	Ｂ：　　　　県

（２）　花子さんが，縮尺《しゅくしゃく》が４００万分の１の地図上で，金沢駅から東京駅までを直線で結び，その長さを定規で測ると，およそ７ｃｍでした。実際の直線距離《きょり》はおよそ何ｋｍですか，書きましょう。

およそ　　　　ｋｍ

問題２　【会話】の下線部②について，花子さんはセロリの生産量の多い都道府県に興味をもち，セロリの生産のようすについて調べて，【ノート】にまとめました。花子さんの【ノート】を読んで，【資料１】のＣ県のグラフとＤ県のグラフのうち，長野県に当たるものを判断し，○で囲みましょう。また，そのように判断した理由を，地形と気候の特ちょうにふれて書きましょう。

【ノート】

○セロリの生産について
・生産量の多い上位２県は，長野県と静岡県である。
・セロリの生産には，１５℃～２０℃の気温が適している。
○長野県と静岡県の主な産地の比較《ひかく》

長　野　県	静　岡　県
・主な産地は，中央高地にある原村《はらむら》。 ・標高１０００ｍ前後の高原にセロリ畑が広がっている。 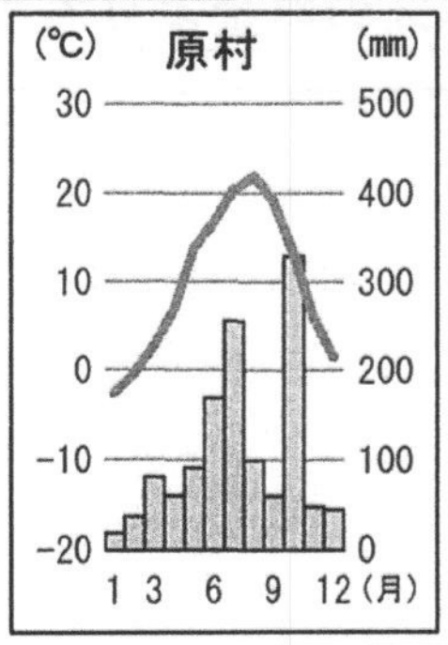 	・主な産地は，太平洋に面した浜松《はままつ》市。 ・標高１００ｍ以下の平地にセロリ畑が広がっている。 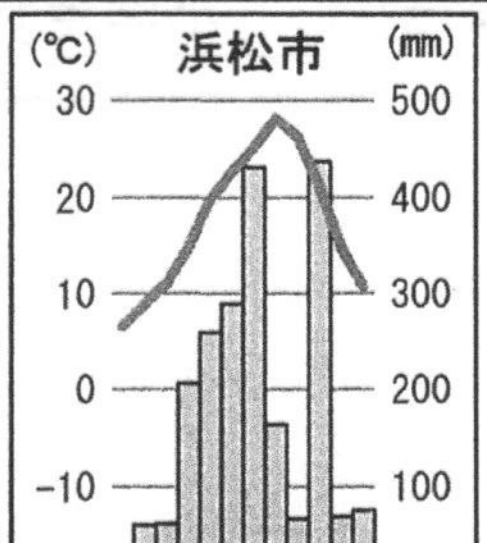

（気温と降水量のグラフは，気象庁ホームページ　令和元年のデータより作成）

【資料１】全国の市場で取り引きされる長野県産と静岡県産の，月別のセロリの量

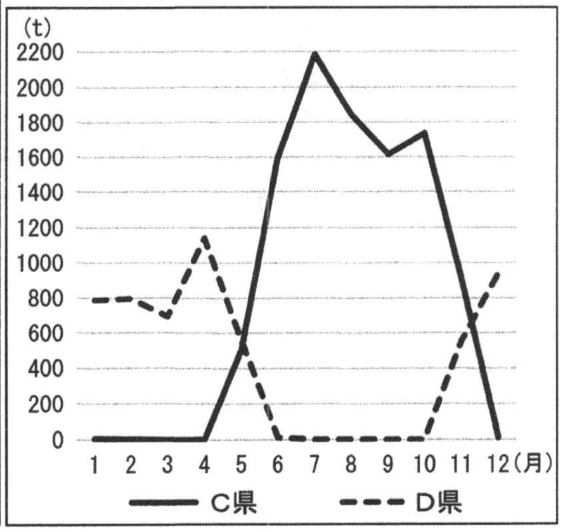

（青果物卸売市場調査報告書 令和元年月別結果より作成）

Ｃ県　・　Ｄ県　←長野県に当たるものを○で囲みましょう。

理由

※

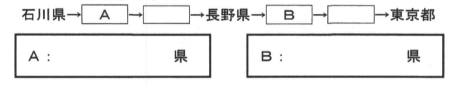

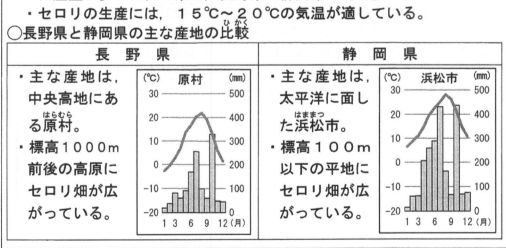

問題３　【会話】の下線部③について，花子さんは国会について調べました。

（１）　国会のはたらきとして適切なものを，次のア～エから１つ選び，記号を書きましょう。

ア　国会の召集《しょうしゅう》を決める。　　イ　国会議員の中から内閣《ないかく》総理大臣を指名する。
ウ　最高裁判所《さいばんしょ》の長官を指名する。　　エ　法律《ほうりつ》が憲法《けんぽう》に違反《いはん》していないかを調べる。

（２）　花子さんは，令和３年に行われた国会議員を選ぶ選挙について【ノート】にまとめました。【ノート】の　①　に当てはまる語句と，　②　に当てはまる数字を，それぞれ書きましょう。

【ノート】

令和３年１０月３１日（日）に衆議院《しゅうぎいん》議員を選ぶ選挙が全国で行われた。
・国会には，衆議院と　①　の２つの議院がある。
・選挙権《けん》は　②　才以上の国民に認《みと》められている。

問題４　花子さんは，北陸新幹線のルートが加賀藩《かがはん》の参勤交代《さんきんこうたい》とほぼ同じルートであったことに気づき，江戸《えど》時代の世の中のようすについて調べました。

（１）　江戸時代を代表する人物の説明として正しいものを，次のア～エから１つ選び，記号を書きましょう。

ア　歌川広重《うたがわひろしげ》は，歌舞伎《かぶき》や人形浄瑠璃《にんぎょうじょうるり》の脚本家《きゃくほんか》で，多くの作品を残した。
イ　杉田玄白《すぎたげんぱく》は，西洋の学問を学び，正確な日本地図を完成させた。
ウ　近松門左衛門《ちかまつもんざえもん》は，浮世絵師《うきよえし》で，「東海道五十三次《とうかいどうごじゅうさんつぎ》」などの作品を残した。
エ　本居宣長《もとおりのりなが》は，国学を学び，３５年かけて「古事記伝《こじきでん》」を完成させた。

（２）　花子さんは，江戸時代の江戸と大阪のまちのようすを示した【資料２】と【資料３】を見比べ，それぞれのまちの特ちょうについて【ノート】にまとめました。【ノート】の　①　～　③　に当てはまる内容を，それぞれ書きましょう。

【資料２】江戸のまちのようす

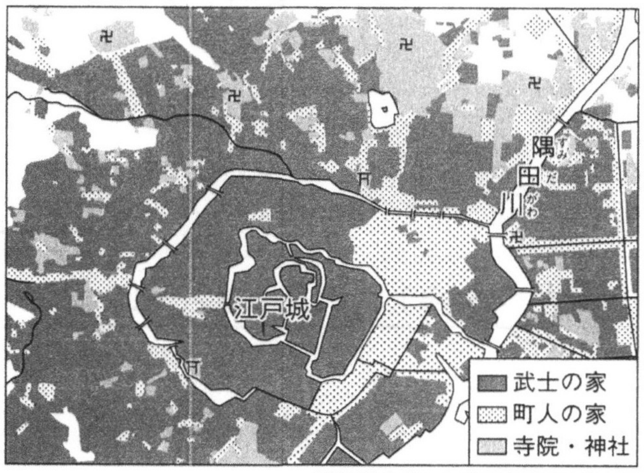

（分間懐宝御江戸絵図などより作成）

【資料３】大阪のまちのようす

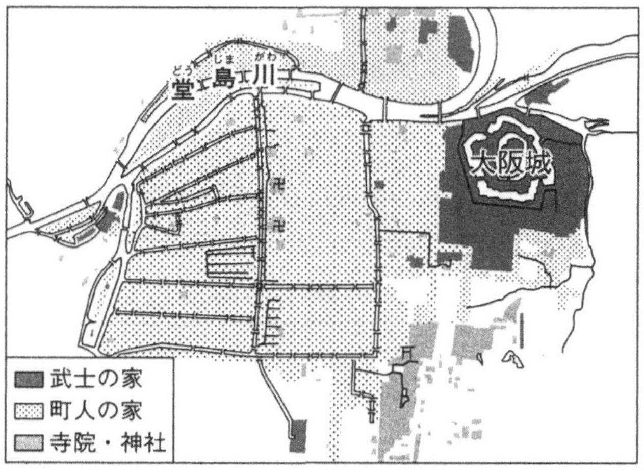

（摂津大坂図などより作成）

【ノート】

【江戸のまちの特ちょう】
江戸は，当時，国の政治の中心であり，幕府《ばくふ》が全国の大名を取りしまって支配を固めていたため，将軍《しょうぐん》の住む江戸城を中心に武士の家が広く分布していた。

【大阪のまちの特ちょう】
大阪は，当時，国の　①　の中心であり，
船を利用して，　②　ため，
川や水路にそって　③　が広く分布していた。

※

問題1．３点
問題2．(1)３点
(2)５点
(3)３点

⑥	受検番号	

4 科学クラブに所属している太郎《たろう》さんと花子さんは，それぞれ興味をもったことについて調べています。

太郎さんは，種子の発芽について興味をもち，花子さんと話をしています。

【会話１】

太郎さん：先週，はち植えの花を庭に植えかえるとき，お母さんが肥料をまいていたんだけど，種子をまくときにも肥料は必要なのかな。

花子さん：種子の発芽に肥料が必要なのか，インゲンマメを使って調べてみよう。

（一週間後）

太郎さん：太陽の光が当たる窓《まど》ぎわに置いて，条件を変えて実験してみた結果，インゲンマメの種子の発芽に肥料が必要ではないことがわかったね。

問題１ 【会話１】の下線部について，種子の発芽に肥料が必要かどうかを調べるためには，次のア～エのどの２つを比べればよいか，記号を書きましょう。

（　　）と（　　）

ア
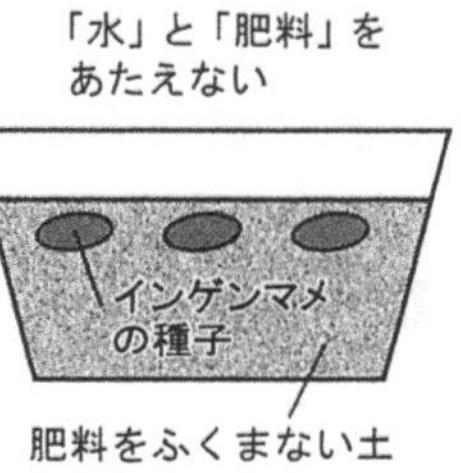

イ
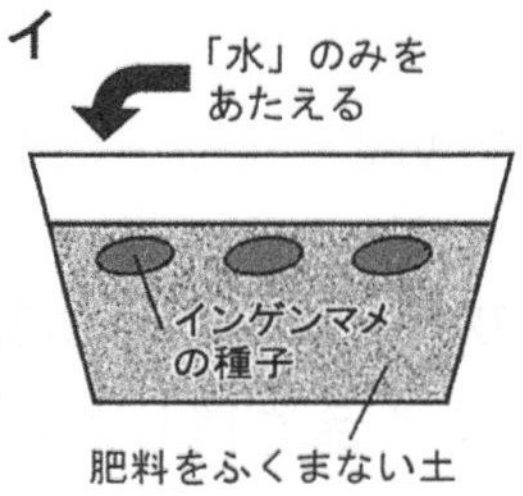

ウ
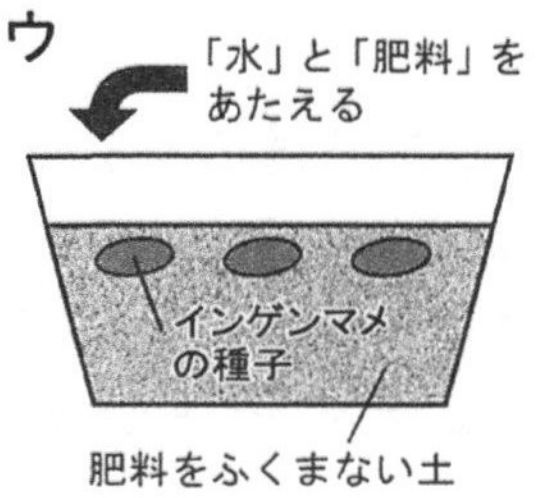

エ
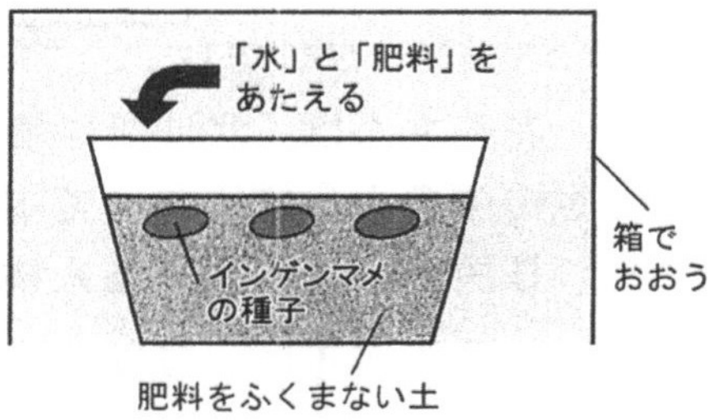

問題２ 太郎さんたちは，インゲンマメの種子の発芽に肥料が必要ではないことに疑問《ぎもん》をもち，発芽前の種子と発芽してしばらくたった子葉を比べてみました。

【結果】

	発芽前の種子	発芽してしばらくたった子葉
見たようす	表面はつやつやしている。	表面はしわしわになっていて，小さくしぼんでいる。
ヨウ素液にひたしたときの反応	水にひたしてやわらかくした種子を半分に切り，切り口をヨウ素液にひたすと，種子の一部が青むらさき色に変化した。	子葉を半分に切って，切り口をヨウ素液にひたすと，色の変化はあまりなかった。

（１） 【結果】の下線部について，青むらさき色に変化した部分は，図１のどこですか。A，Bどちらかの記号を書きましょう。

図１
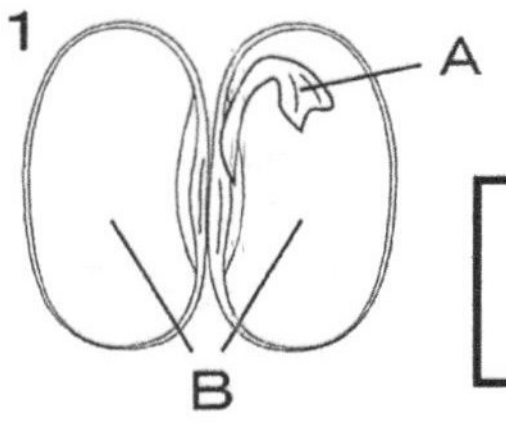

（２） インゲンマメの種子の発芽に肥料が必要ではない理由を，【結果】をもとに書きましょう。

（３） 太郎さんは，４月の終わりごろ，葉が大きくなったインゲンマメを畑に植えかえようと考え，作業中に雨が降《ふ》らないか確認《かくにん》するために空を見ました。天気と雲の関係について説明した次の文について，（　①　）～（　③　）に当てはまる４方位を，それぞれ書きましょう。ただし，同じ４方位を２回使ってもよいものとします。

日本付近では，雲はおよそ（　①　）から（　②　）へ動いていき，天気はその雲の動きとともに変化していく。だから，（　③　）の空に雨雲がないか確認することで，このあとの天気がある程度予想できる。

①	②	③

※

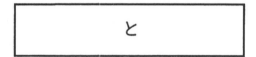

花子さんは，ものが水にとけることについて興味をもち，太郎《たろう》さんと話をしています。

【会話２】

花子さん：ものが水にとけるって，不思議だよね。
コーヒーシュガーを水に入れて，よくかきまぜると,すべてとけて，コーヒーシュガーの色がついたすき通った水よう液ができたよ。

太郎さん：水よう液の重さは，入れたコーヒーシュガーの重さの分だけ増えたから，コーヒーシュガーはなくなったわけではないんだよね。

花子さん：そうだね。
ものが水にとける量は，水の温度や量によって変わるのかな。

太郎さん：食塩とミョウバンのとけ方について，図書館で【資料】をみつけたよ。

【資料】

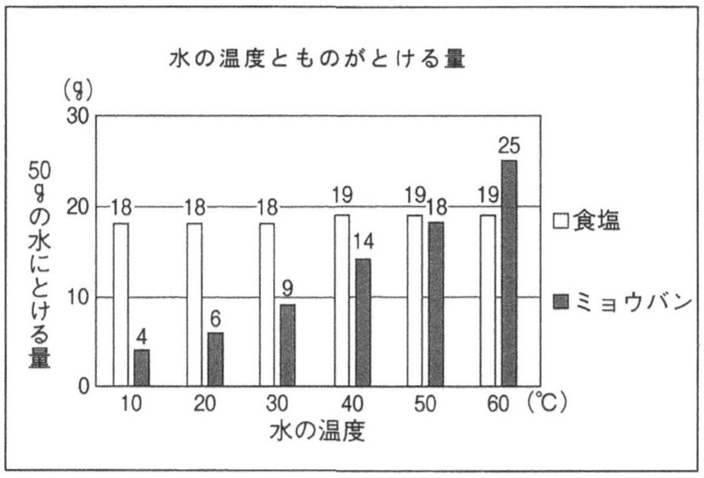

問題３　【会話２】の下線部について，見えなくなったコーヒーシュガーのつぶを「○」で表したときの水よう液のようすとして，最も適切なものを，次のア～エから１つ選び，記号を書きましょう。

ア　イ　ウ　エ

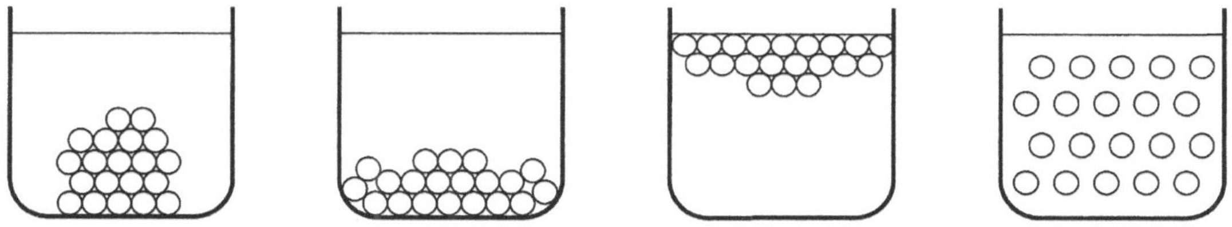

問題４

（１）　花子さんは，１５℃の水５０ｇが入ったビーカーを２つ用意し，それぞれに食塩とミョウバンを１０ｇずつ入れて，よくかきまぜました。すると，一方はすべてとけましたが，もう一方はとけ残りが出ました。とけ残りが出たのは，食塩とミョウバンのどちらか書きましょう。また，そのように判断した理由を【資料】をふまえて書きましょう。

とけ残りが出たもの	理由

（２）　花子さんは，とけ残りが出た水よう液から，とけ残ったものを取り出すために，図２のようにろ過をしました。しかし，このろ過のしかたは正しくありません。どのように直せばよいか書きましょう。

図２

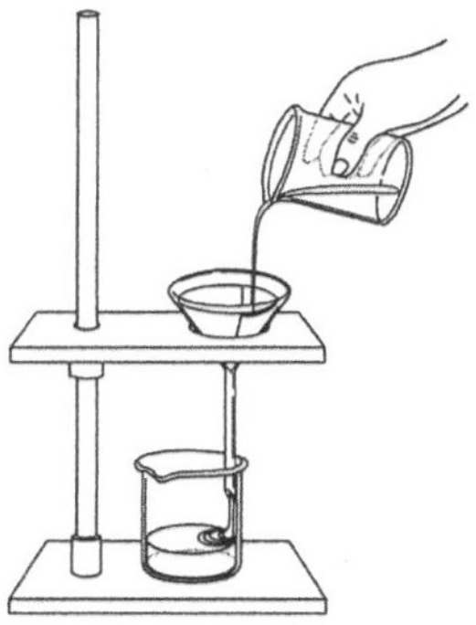

（３）　花子さんは，ミョウバンの水よう液から，結しょう（規則正しい形をしたつぶ）をつくろうと考え，６０℃の水２００ｇに，ミョウバンをとけるだけとかした水よう液をつくりました。この水よう液の重さは何ｇになりますか，【資料】をもとに計算して求めましょう。なお，ミョウバンが水にとける量は，水の量に比例します。

ｇ

※

② 受検番号

令和四年度　総合適性検査Ⅰ　解答用紙　一枚《まい》目《め》

問題１．２点×２
問題２．２点
問題３．５点
問題４．４点×２
問題５．５点

社会（しゃかい）

問題1

カンゼン

問題2

問題3

25字

20字

問題4

Ⅰ

25字

35字

Ⅱ

25字

15字

問題5

（解答用紙はもう一枚あります。）

※40点満点

※

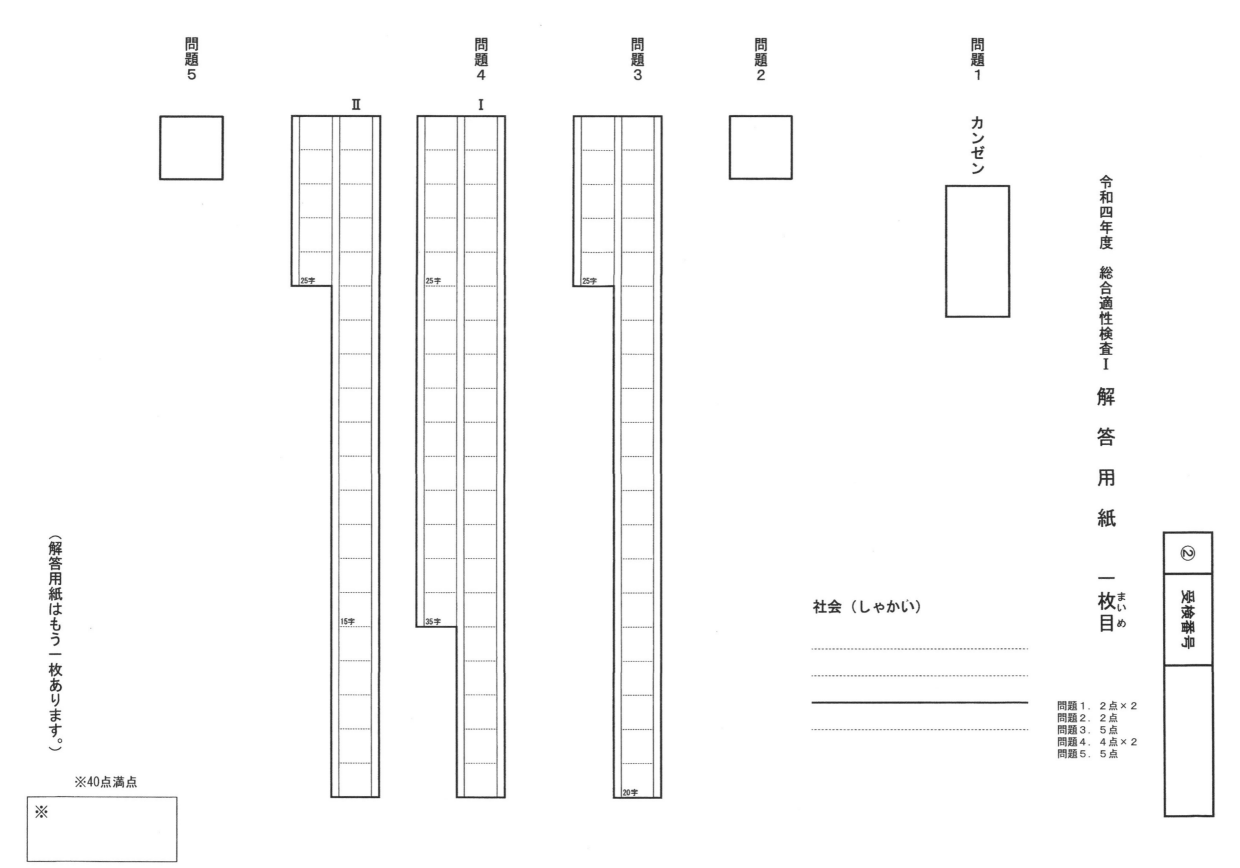

③

受検番号

令和四年度　総合適性検査Ⅰ　解答用紙　二枚《まい》目《め》

問題６．４点×２
問題７．８点

問題６

(1)

25字

35字

(2)

10字

15字

問題７

200字　160字

条件１　二段落《だんらく》構成で書くこと。
条件２　第一段落では、「読書」をする上であなたが大切だと思うことを、【文章A】または【文章B】で述べられている筆者の考えと関係付けて書くこと。
条件３　第二段落では、あなたの考えの理由を、具体例を挙げて書くこと。
条件４　百六十字以上、二百字以内で書くこと。（改行により空いたマスは、字数にふくみます。）
【文章A】は文章AまたはA、【文章B】は文章BまたはBなどと書いてもよい。

※

① 受検番号

（石川県立金沢錦丘中学校）

令和三年度　石川県立中学校入学者選抜　総合適性検査Ⅰ

問題用紙

検査が始まる前に、次の〈注意〉を読んでください。

〈注意〉

一　問題用紙は、この表紙をふくめて四枚あり、これとは別に解答用紙が二枚あります。

二　答えは、全て解答用紙に記入してください。

三　受検番号は、問題用紙と解答用紙の指定された場所に記入してください。

四　解答用紙の左下にある［※］には、何も書いてはいけません。

五　検査の時間は、五十五分間です。「やめなさい」の合図でえんぴつを置き、上から問題用紙、解答用紙の順に置いてください。

六　問題用紙、解答用紙は、持ち帰ってはいけません。

指示があるまで中を見てはいけません。

③ 受検番号

令和四年度　総合適性検査Ⅰ　解答用紙　二枚目《まいめ》

問題6．４点×２
問題7．８点

問題6

(1)

25字

35字

(2)

10字

15字

問題7

200字

160字

条件１　二段落《だんらく》構成で書くこと。
条件２　第一段落では、「読書」をする上であなたが大切だと思うことを、【文章Ａ】または【文章Ｂ】で述べられている筆者の考えと関係付けて書くこと。
条件３　第二段落では、あなたの考えの理由を、具体例を挙げて書くこと。
条件４　百六十字以上、二百字以内で書くこと。（改行により空いたマスは、字数にふくみます。）
【文章Ａ】は文章ＡまたはＡ、【文章Ｂ】は文章ＢまたはＢなどと書いてもよい。

※

1 次の【文章】を読んで、あとの問いに答えましょう。(※が付いている言葉には〔注〕があります。)

【文章】

私《わたし》たちは、一般《いっぱん》に、「怖《こわ》いから逃《に》げる」「悲しいから泣く」と考えがちです。ところが、実はその反対で、「逃げるから怖い、泣くから悲しいんですよ」というセツメイを受けたら、どうでしょう。

ふつうは、まず「怖いな」「悲しいな」と感じてから、逃げようとか泣き出すという順序に思えます。ところが①後者の考えは、必ずしもそうではないようで、まず何かを察知して先に逃げるとか泣くという行動がとられてから、そのあとに「ああ怖かった」「ああ悲しい」と感じるのが本当だという主張があるのです。[A]、意識よりも自身の※1末梢《まっしょう》神経での反応がまずあって、次に「怖い」「悲しい」という認識《にんしき》を持つと考えられるのです。

※2訝《いぶか》しく思う方もおられると思いますが、たとえば、泣き真似《まね》をしていたら本当に悲しくなったり、音楽を聴《き》いていてなぜか鳥肌《とりはだ》が立ち、その後に素晴《すば》らしい歌だと感じたりしたことはないでしょうか。トラックがせまってきて、反射《はんしゃ》的にかわした後に、「うわっ、怖かった」という体験をしたことはないでしょうか。「あ、だんだんトラックが迫《せま》ってきます、怖いです、怖いです、さあ、後ろに逃げましょう」という順序ではないですよね。すなわち、身体感覚がまず敏感《びんかん》に異変《いへん》を感じトり、その感情を後で認識すると考えるほうが正しいという理論《りろん》です。

感情の認識には、「言葉」も大きくかかわります。心の内側からわき上がってくる気持ちを意識するためにも言葉への置き換《か》えが必要です。

②もし私たちが、嬉《うれ》しい、悲しいといった気持ちを表す言葉を持たなかったとしたら、どのような暮《く》らしになるでしょう。単純《たんじゅん》な感情ならば、しぐさや表情によって、他人に気持ちを伝えることもできるかもしれません。しかし、複雑なコミュニケーションは、そもそも成り立たないでしょう。現代のように※3マルチタスクをこなす生活のなかで、他人に気持ちを伝え理解してもらったり、自分で受け止め噛《か》みしめたりするには、気持ちを表す言葉の獲得《かくとく》が、とても大切です。

たとえば、言いようのない気持ちのときは誰《だれ》にでもありますが、「なんだか気持ちがなかなかのらないのよ。こうなんというか、やりようがないというか、出口がないというか……」といった言い方では他人には何となくしか理解できませんし、本人も※4悶々《もんもん》とした気分が晴れないものです。しかし、「[あ]」といった言葉を学び、うまく気持ちと置き換えることができるようになると、他人はその気持ちに共感しやすくなります。本人も、その言葉を知る前よりもカタルシス(解放感)を得ることができるようになるわけです。

気持ちを言葉にするとき難《むずか》しい表現を使わなくても、日本語には感覚や感情を表す擬態語《ぎたいご》(オノマトペ)が多くあります。多くの擬態語が次のように分類されています。「不安」「恐《おそ》れ」(ひやひや、どぎまぎ、おどおど、どきどきなど)、「喜び」「幸福」(うっとり、ウキウキ、ほっ、わくわくなど)、「驚《おどろ》き」(ひやっ、ぎょっ、どきっ、びくっ、がーんなど)、「悲しみ」(しょぼん、がっくり、くよくよ、がくっなど)、「怒《いか》り」(むらむら、いらいら、つんつん、かっかなど)などです。

同様に、顔つきはもとより※5四肢《しし》や内臓《ないぞう》など身体的変化に基《もと》づいた感情表現もたくさんあります。これは換喩《かんゆ》と呼《よ》ばれます。[B]、「腸《はらわた》が煮《に》えくり返る」というのは、怒りの感情を持ったときに、大腸《だいちょう》の動きが活発になっていることを想像させます。私たちはこうした言葉を使うことによって、他者と感情を共有し、共感することができるのです。

実際のところ、人間がはっきりと認識できる身体的変化は、その一部しかないと言われていますから、換喩と実際の身体的変化が一致《いっち》しているかどうかは、定《さだ》かではありません。けれど、③日本人がかなり身体的変化と感情の関係を意識してきたことがわかります。今後、医学の進歩からもっと多くのことがわかってきそうで、とても楽しみです。

(渡辺弥生《わたなべやよい》「感情の正体 発達心理学で気持ちをマネジメントする」ちくま新書による)

〔注〕
※1 末梢神経　脳《のう》などから分かれて、全身に広がる神経。
※2 訝しい　疑《うたが》わしい。
※3 マルチタスク　多数の仕事。
※4 悶々　悩《なや》み苦しむ様子。
※5 四肢　手と足。

問題７　【文章】を読んだあと、身体と感情の関係について、次のような【話し合い】が行われました。これを読み、あとの問いに答えましょう。

【話し合い】

春川さん　【文章】を読んで、人間の身体と感情には、密接《みっせつ》な関係があることがわかったね。

夏木さん　そうだね。身体と感情の関係について、おもしろい【資料】を見つけたよ。ウォーキングの前後で、「緊張《きんちょう》」「※1抑鬱《よくうつ》」「敵意《てきい》」「活力」「疲労《ひろう》」といった感情が、どのように変化したのかを表したものなんだけど、この【資料】を見ると、どの感情もウォーキングの前と後で変化していることがわかるよ。

秋田さん　本当だね。この結果から、□ということがわかるね。

春川さん　確かに不安だったときに、散歩をしてみたら、気持ちが落ち着いたことがあったよ。

夏木さん　そういえば、腹《はら》がたったので、プールで思いきり泳いだら、いかりがおさまったことがあったよ。

秋田さん　自分の感情をコントロールするには、身体を動かすこともよさそうだね。

〔注〕

※1　抑鬱　気持ちがしずんでいる状態。

【資料】

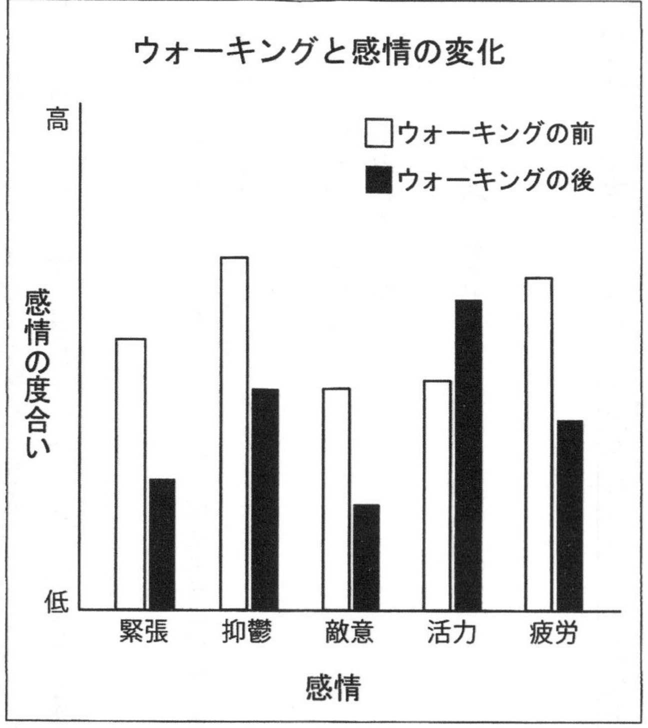

※　養内豊《みのうちゆたか》（2002）「ウォーキングの効果－ウォーキング授業における生理的・心理的効果－」をもとに作成。

(1)　【話し合い】の中の、□に当てはまる言葉として最も適切なものを、次のア～エから一つ選び、記号を書きましょう。

ア　ウォーキングをすると、緊張は高まり、敵意は低下する

イ　ウォーキングをすると、抑鬱は高まり、敵意も高まる

ウ　ウォーキングをすると、緊張は低下し、活力も低下する

エ　ウォーキングをすると、疲労は低下し、活力は高まる

(2)　【話し合い】の内容をふまえて、あなた自身の体験から、自分の感情をコントロールするためにどのような工夫《くふう》をしたらよいと考えますか。あなた自身の考えを、次の条件にしたがって書きましょう。

条件１　二段落《だんらく》構成で書くこと。

条件２　第一段落では、身体と感情が関わっていると感じたあなた自身の体験を書くこと。

条件３　第二段落では、第一段落で書いた体験をふまえて、自分の感情をコントロールするために、工夫したらよいと考えることを書くこと。

条件４　全体を、百六十字以上、二百字以内で書くこと。（改行により空いたマスは、字数にふくみます。）

1　次の【文章】を読んで、あとの問いに答えましょう。（※が付いている言葉には〔注〕があります。）

【文章】

私《わたし》たちは、一般《いっぱん》に、「怖《こわ》いから逃《に》げる」「悲しいから泣く」と考えがちです。ところが、実はその反対で、「逃げるから怖い、泣くから悲しいんですよ」というセツメイを受けたら、どうでしょう。

ふつうは、まず「怖いな」「悲しいな」と感じてから、逃げようとか泣き出すという順序に思えます。ところが①後者の考えは、必ずしもそうではないようで、まず何かを察知して先に逃げるとか泣くという行動がとられてから、そのあとに「ああ怖かった」「ああ悲しい」と感じるのが本当だという主張があるのです。 A 、意識よりも自身の※1末梢《まっしょう》神経での反応がまずあって、次に「怖い」「悲しい」という認識《にんしき》を持つと考えられるのです。

※2訝《いぶか》しく思う方もおられると思いますが、たとえば、泣き真似《まね》をしていたら本当に悲しくなったり、音楽を聴《き》いていてなぜか鳥肌《とりはだ》が立ち、その後に素晴《すば》らしい歌だと感じたりしたことはないでしょうか。トラックがせまってきて、反射《はんしゃ》的にかわした後に、「うわっ、怖かった」という体験をしたことはないでしょうか。「あ、だんだんトラックが迫《せま》ってきます、怖いです、怖いです、さあ、後ろに逃げましょう」という順序ではないですよね。すなわち、身体感覚がまず敏感《びんかん》に異変《いへん》を感じトり、その感情を後で認識すると考えるほうが正しいという理論《りろん》です。

感情の認識には、「言葉」も大きくかかわります。心の内側からわき上がってくる気持ちを意識するためにも言葉への置き換《か》えが必要です。

②もし私たちが、嬉《うれ》しい、悲しいといった気持ちを表す言葉を持たなかったとしたら、どのような暮《く》らしになるでしょう。単純《たんじゅん》な感情ならば、しぐさや表情によって、他人に気持ちを伝えることもできるかもしれません。しかし、複雑なコミュニケーションは、そもそも成り立たないでしょう。現代のように※3マルチタスクをこなす生活のなかで、他人に気持ちを伝え理解してもらったり、自分で受け止め噛《か》みしめたりするには、気持ちを表す言葉の獲得《かくとく》が、とても大切です。

たとえば、言いようのない気持ちのときは誰《だれ》にでもありますが、「なんだか気持ちがなかなかのらないのよ。こうなんというか、やりようがないというか、出口がないというか……」といった言い方では他人には何となくしか理解できませんし、本人も※4悶々《もんもん》とした気分が晴れないものです。しかし、「 あ 」といった言葉を学び、うまく気持ちと置き換えることができるようになると、他人はその気持ちに共感しやすくなります。本人も、その言葉を知る前よりもカタルシス(解放感)を得ることができるようになるわけです。

気持ちを言葉にするとき難《むずか》しい表現を使わなくても、日本語には感覚や感情を表す擬態語《ぎたいご》（オノマトペ）が多くあります。多くの擬態語が次のように分類されています。「不安」「恐《おそ》れ」（ひやひや、どぎまぎ、おどおど、どきどきなど）、「喜び」「幸福」（うっとり、ウキウキ、ほっ、わくわくなど）、「驚《おどろ》き」（ひやっ、ぎょっ、どきっ、びくっ、がーんなど）、「悲しみ」（しょぼん、がっくり、くよくよ、がくっなど）、「怒《いか》り」（むらむら、いらいら、つんつん、かっかなど）などです。

同様に、顔つきはもとより※5四肢《しし》や内臓《ないぞう》など身体的変化に基《もと》づいた感情表現もたくさんあります。これは換喩《かんゆ》と呼《よ》ばれます。 B 、「腸《はらわた》が煮《に》えくり返る」というのは、怒りの感情を持ったときに、大腸《だいちょう》の動きが活発になっていることを想像させます。私たちはこうした言葉を使うことによって、他者と感情を共有し、共感することができるのです。

実際のところ、人間がはっきりと認識できる身体的変化は、その一部しかないと言われていますから、換喩と実際の身体的変化が一致《いっち》しているかどうかは、定《さだ》かではありません。けれど、③日本人がかなり身体的変化と感情の関係を意識してきたことがわかります。今後、医学の進歩からもっと多くのことがわかってきそうで、とても楽しみです。

（渡辺弥生《わたなべやよい》「感情の正体　発達心理学で気持ちをマネジメントする」ちくま新書による）

〔注〕
※1　末梢神経　脳《のう》などから分かれて、全身に広がる神経。
※2　訝しい　疑《うたが》わしい。
※3　マルチタスク　多数の仕事。
※4　悶々　悩《なや》み苦しむ様子。
※5　四肢　手と足。

問題１　【文章】の中の、セツメイ、トり を、それぞれ漢字で書きましょう。

問題２　【文章】の中の、①後者の考え とは、どのような考えですか。次の文の［　　］に入る適切な言葉を、【文章】の中から十五字で抜《ぬ》き出して書きましょう。

［　　　　　　　　］という考え。

問題３　【文章】の中の、Ａ・Ｂ に当てはまる言葉として最も適切なものを、次のア～エから一つずつ選び、それぞれ記号を書きましょう。

Ａ　ア　けれども　イ　つまり　ウ　ところで　エ　または

Ｂ　ア　なぜなら　イ　しかし　ウ　たとえば　エ　だから

問題４　【文章】の中に、②もし私たちが、嬉《うれ》しい、悲しいといった気持ちを表す言葉を～なるでしょう とありますが、筆者が考える気持ちを表す言葉を持つことのよさとは、何ですか。「コミュニケーション」という言葉を使い、十五字以上、二十字以内で書きましょう。

問題５　【文章】の中の、［あ］に当てはまる言葉として最も適切なものを、次のア～エから一つ選び、記号を書きましょう。

ア　気を引きしめる

イ　なみだをのむ

ウ　八方《はっぽう》ふさがり

エ　冷《ひ》やあせをかく

問題６　【文章】の中に、③日本人がかなり身体的変化と感情の関係を意識してきたことがわかります とありますが、どんなことからわかるのですか。二十字以上、三十字以内で書きましょう。

問題７　【文章】を読んだあと、身体と感情の関係について、次のような【話し合い】が行われました。これを読み、あとの問いに答えましょう。

【話し合い】

春川さん　【文章】を読んで、人間の身体と感情には、密接《みっせつ》な関係があることがわかったね。

夏木さん　そうだね。身体と感情の関係について、おもしろい【資料】を見つけたよ。ウォーキングの前後で、「緊張《きんちょう》」「※1抑鬱《よくうつ》」「敵意《てきい》」「活力」「疲労《ひろう》」といった感情が、どのように変化したのかを表したものなんだけど、この【資料】を見ると、どの感情もウォーキングの前と後で変化していることがわかるよ。

秋田さん　本当だね。この結果から、□ということがわかるね。

春川さん　確かに不安だったときに、散歩をしてみたら、気持ちが落ち着いたことがあったよ。

夏木さん　そういえば、腹《はら》がたったので、プールで思いきり泳いだら、いかりがおさまったことがあったよ。

秋田さん　自分の感情をコントロールするには、身体を動かすこともよさそうだね。

〔注〕
※1　抑鬱　気持ちがしずんでいる状態。

【資料】

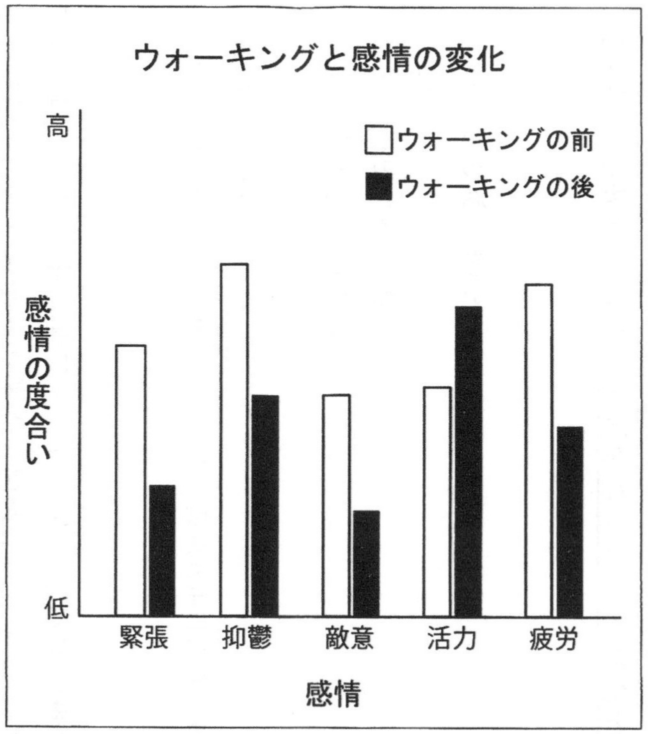

※　蓑内豊《みのうちゆたか》（2002）「ウォーキングの効果－ウォーキング授業における生理的・心理的効果－」をもとに作成。

(1)　【話し合い】の中の、□に当てはまる言葉として最も適切なものを、次のア～エから一つ選び、記号を書きましょう。

ア　ウォーキングをすると、緊張は高まり、敵意は低下する
イ　ウォーキングをすると、抑鬱は高まり、敵意も高まる
ウ　ウォーキングをすると、緊張は低下し、活力も低下する
エ　ウォーキングをすると、疲労は低下し、活力は高まる

(2)　【話し合い】の内容をふまえて、あなた自身の体験から、自分の感情をコントロールするためにどのような工夫《くふう》をしたらよいと考えますか。あなた自身の考えを、次の条件にしたがって書きましょう。

条件１　二段落《だんらく》構成で書くこと。
条件２　第一段落では、身体と感情が関わっていると感じたあなた自身の体験を書くこと。
条件３　第二段落では、第一段落で書いた体験をふまえて、自分の感情をコントロールするために、工夫したらよいと考えることを書くこと。
条件４　全体を、百六十字以上、二百字以内で書くこと。（改行により空いたマスは、字数にふくみます。）

①	受検番号	

令和３年度　石川県立中学校入学者選抜　総合適性検査Ⅱ

問　題　用　紙

検査が始まる前に，次の〈注意〉を読んでください。

〈注意〉

1　問題用紙は，この表紙をふくめて７枚あり，2 の問題から始まります。解答用紙はありません。
2　答えは，問題用紙の [　　] に記入してください。
3　どの問題から始めてもかまいません。
4　受検番号は，問題用紙１枚ごとに右上の指定された場所に記入してください。
5　問題用紙の一番下にある [※　　] には，何も書いてはいけません。
6　検査の時間は，５５分間です。「やめなさい」の合図でえんぴつを置き，問題用紙を閉じ，表紙を上にして置いてください。
7　問題用紙は，持ち帰ってはいけません。

※110点満点

指示があるまで中を見てはいけません。

②	受検番号	

2　小学生の太郎《たろう》さんは，テレビ番組で動物園がしょうかいされていたことを家族に話したところ，今度の日曜日に家族で動物園に行くことになりました。

問題１　太郎さんは，インターネットで，日曜日に行く動物園について調べました。

（１）　飼育されている動物の種類は，鳥類が４０種類，ほ乳《にゅう》類が８０種類でした。ほ乳類の種類の数は，鳥類の種類の数の何倍ですか，答えを書きましょう。 ４点

答え　　　　　倍

（２）　右の図は，動物園の地図の一部です。地図には，入口からライオン，ライオンからキリン，キリンからゴリラまでの道のりがそれぞれ示されていました。入口からゴリラまでの道のりは何ｋｍですか，答えを書きましょう。 ４点

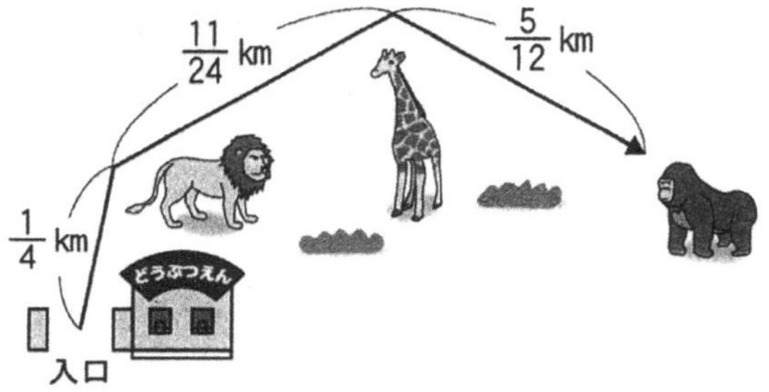

答え　　　　　ｋｍ

問題２　太郎さんは，日曜日に家族と動物園に行きました。

（１）　太郎さんは，入園券《にゅうえんけん》を買うために列に並《なら》びました。列の足もとには，１．２ｍずつ間をあけて印がついています。列の先頭には，同級生の花子さんが立っています。太郎さんは，前から数えて８番目でした。花子さんの足もとの印から太郎さんの足もとの印までのきょりは何ｍですか，答えを書きましょう。 ４点

答え　　　　　ｍ

（２）　太郎さんは，大人と小学生の入園料について比べたとき，大人１人の入園料は小学生１人の入園料の２倍より２０円高いことに気づきました。大人１人の入園料が７４０円のとき，小学生１人の入園料はいくらですか，求め方を言葉や式を使って書きましょう。また，答えも書きましょう。 ６点

求め方

答え　　　　　円

問題３　動物園には，動物についてのしょうかいコーナーがありました。

（１）　下の図は，ヤギについてしょうかいした看板《かんばん》の一部です。この動物園のヤギは，直径５０ｃｍのタイヤの上に乗り，タイヤを回転させながら前に進むことができるそうです。ヤギがこのタイヤを同じ方向にちょうど４回転させたとき，タイヤを何ｍ進めることができましたか，求め方を言葉や式を使って書きましょう。また，答えも書きましょう。ただし，円周率は３．１４とします。 ７点

求め方

答え　　　　　ｍ

※

（２）　下の図は，チーターについてしょうかいした看板《かんばん》の一部です。チーターが１００ｍを４秒で走るとすると，速さは時速何ｋｍですか，求め方を言葉や式を使って書きましょう。また，答えも書きましょう。　７点

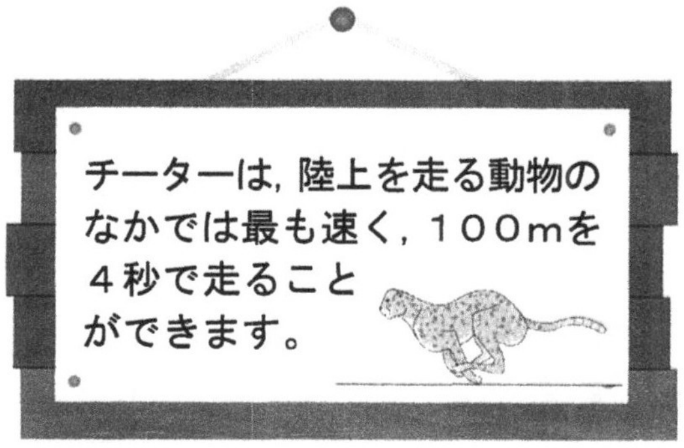

求め方

答え　時速　　　　ｋｍ

問題４　太郎《たろう》さんは，動物園のしょうかいコーナーにある【資料１】と【資料２】から，それぞれの動物の１日のえさ代について考えました。この動物園のパンダ１頭あたりの１日のえさ代はいくらですか，求め方を言葉や式を使って書きましょう。また，答えも書きましょう。

さらに，パンダ１頭あたりの１日のえさ代を棒《ぼう》グラフに表しましょう。　９点

求め方

答え　　　　円

【資料１】　動物園での１日のえさ代

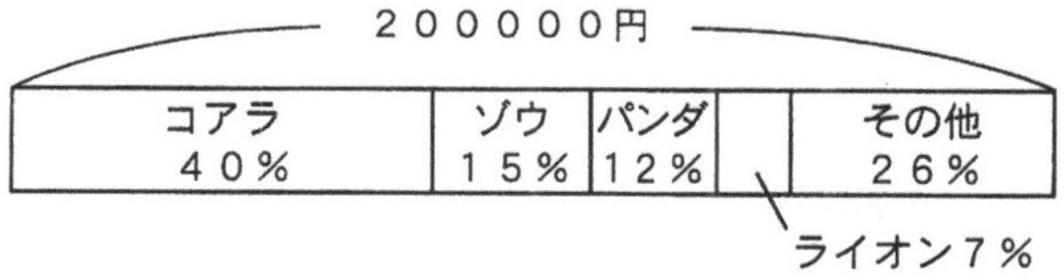

【資料２】　おもな動物の頭数

動物	頭数
コアラ	４頭
ゾウ	３頭
パンダ	２頭
ライオン	１０頭

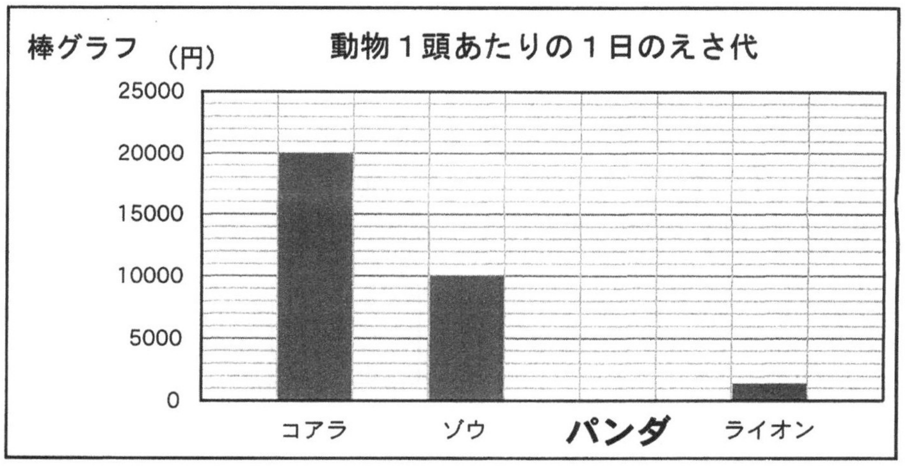

問題５　太郎さんは，飼育員から，内のりが右の図のような直方体を組み合わせた形の水そうで，小さな魚を飼育していることを聞きました。

飼育員が，この水そうに水を入れるとき，ホースを使って，１分間に２０Ｌの水を入れるそうです。

水が入っていない水そうに，５分間，水を入れたときの図に示された水の深さは何ｃｍでしょうか，求め方を言葉や式を使って書きましょう。また，答えも書きましょう。

ただし，この水そうの水面は，地面に対して平行とします。　９点

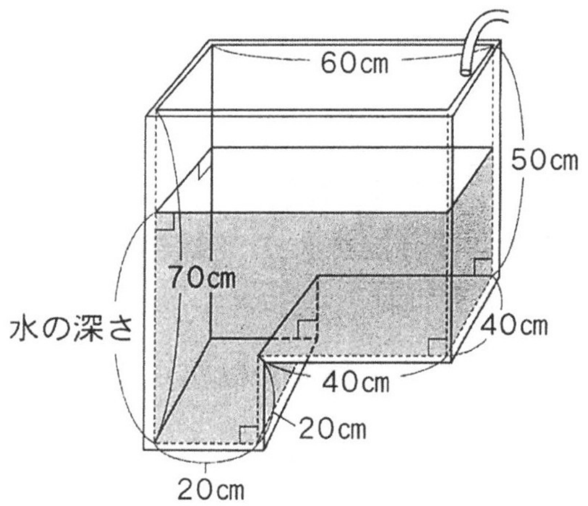

求め方

答え　　　　ｃｍ

※

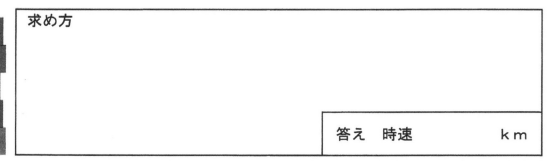

3 花子さんは，お父さんといっしょに，イベントに出かけました。

【会話１】

お父さん：お昼までに少し時間があるから，①郵便局《ゆうびんきょく》に寄ってから，イベントに行こう。
花子さん：うん，わかった。②地元でとれた食材を使った料理のイベントだから，何を食べるか考えながら行こうね。

問題１　【会話１】の下線部①の地図記号を，次のア～エから１つ選び，記号を書きましょう。 ３点

ア 
イ 
ウ 
エ 

問題２　【会話１】の下線部②について，地域で生産したものを地域で消費することを何というか，書きましょう。 ３点

イベント会場に着いた花子さんは，まず能登牛の炭火焼きを買って食べました。

【会話２】

お父さん：昨日食べた③オーストラリア産のお肉もおいしかったけれど，やっぱり能登牛はおいしいね。
花子さん：うん，おいしいね。
お父さん：わりばしが入っていた紙ぶくろには，石川県の④間ばつされた木で作られたわりばし，と書いてあるよ。
花子さん：本当ね。間ばつされた木は，有効に利用されているんだね。

問題３　【会話２】の下線部③の国の位置を，【地図】のア～エから１つ選び，記号を書きましょう。 ３点

【地図】

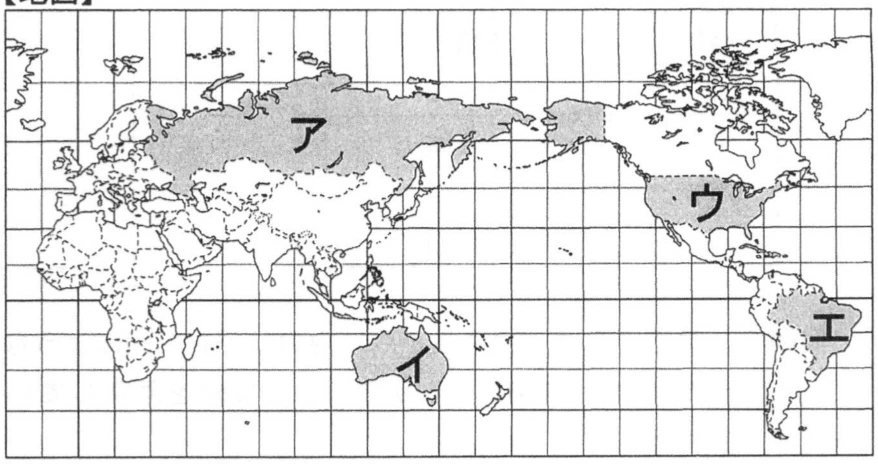

問題４　【会話２】の下線部④について，わたしたちの安全なくらしのために，間ばつをする理由を，【資料１】をもとに書きましょう。 ６点

【資料１】林業ではたらく人の話

森林は，木材を生産し，木材を育てるほか，安全なくらしのためにも大きな役割をはたしています。
間ばつをすることは，木が健康に大きく育つためにとても大切です。なぜなら，間ばつをすると，地面まで十分な日光があたり，木の幹が太くなり，根が広く深くはるからです。

（林野庁資料などより作成）

※

花子さんとお父さんは，魚の料理を販売《はんばい》している店の前に来ました。

【会話３】

花子さん：朝とれた新鮮《しんせん》な⑤石川県産の魚を使った料理だよ。養殖《ようしょく》のカキを使った料理もあるよ。
お父さん：⑥日本の漁業には，とる漁業だけじゃなくて，⑦つくり育てる漁業もあるんだよ。

問題５　【会話３】の下線部⑤について，【資料２】と【資料３】から読み取れることとして最も適切なものを，あとのア～エから１つ選び，記号を書きましょう。　３点

【資料２】石川県の総漁かく量と魚の種類別の内わけ

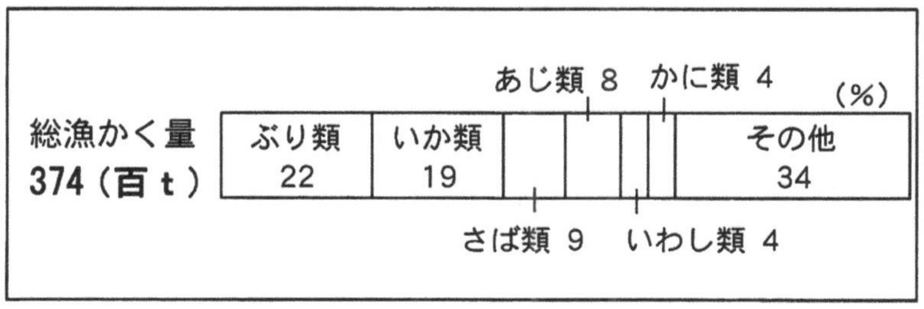

【資料３】石川県で漁かく量が多い上位５つの市や町の漁かく量と漁かく量が多い上位３つの魚の種類

順位	市や町の名前	漁かく量（百ｔ）	漁かく量が多い上位３つの魚の種類 1位	2位	3位
1	輪島市	119	ぶり類	さば類	あじ類
2	能登町	88	いか類	あじ類	ぶり類
3	志賀町	64	ぶり類	あじ類	いわし類
4	七尾市	48	ぶり類	あじ類	いわし類
5	金沢市	21	かに類	えび類	にぎす類

（資料２と資料３は，平成29年北陸農政局資料より作成）

ア　石川県で漁かく量が多い上位５つの市や町の漁かく量の合計は，石川県の総漁かく量の９０％以上を占《し》める。
イ　石川県で漁かく量が多い上位５つの市や町で，それぞれ漁かく量が多い上位３つの魚の種類には，石川県で漁かく量が最も多い魚の種類が入る。
ウ　石川県で漁かく量が多い上位５つの市や町で，それぞれ漁かく量が１位の魚の種類は，石川県で漁かく量が多い上位３つの魚の種類のいずれかである。
エ　石川県で漁かく量が多い上位５つの市や町の漁かく量の合計は，石川県で漁かく量が多い上位３つの魚の種類の漁かく量の合計より少ない。

問題６　【会話３】の下線部⑥について，【資料４】から読み取れることとして最も適切なものを，次のア～エから１つ選び，記号を書きましょう。　３点

ア　１９６０年の漁かく量と比べて２０１５年の漁かく量が減っているのは，遠洋漁業だけである。
イ　１９６０年から漁かく量が減り続けているのは，沿岸《えんがん》漁業である。
ウ　１９６０年の漁かく量と比べて２０１５年の漁かく量が増えているのは，養殖漁業だけである。
エ　１９６０年から漁かく量が増え続けているのは，沖合漁業である。

【資料４】日本の漁業別漁かく量の変化

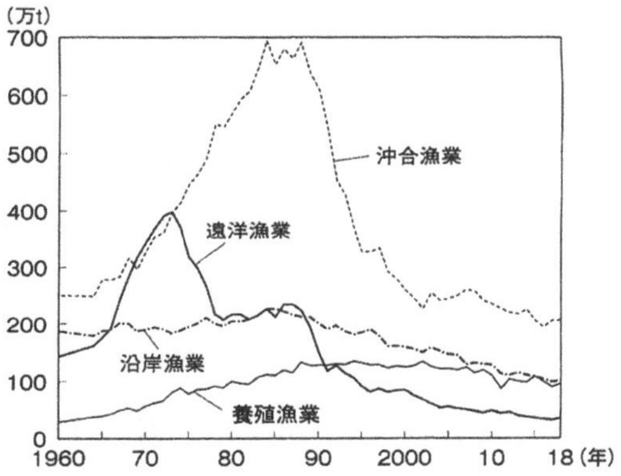

（日本国勢図会 2020/21 年版などより作成）

問題７　【会話３】の下線部⑦について，魚や貝などをたまごから育てて，海に放流し，大きくなったらとる漁業を何というか，書きましょう。　３点

漁業

花子さんは，イベント会場で【資料５】や【資料６】を見て，この２つの取り組みには，共通する目的があるのではないかと考えました。

問題８　【資料５】と【資料６】の取り組みについて，生活の中でできることを２つの取り組みに共通する目的にふれて，それぞれ書きましょう。　６点

【資料５】イベント会場に設置された回収《かいしゅう》ボックス

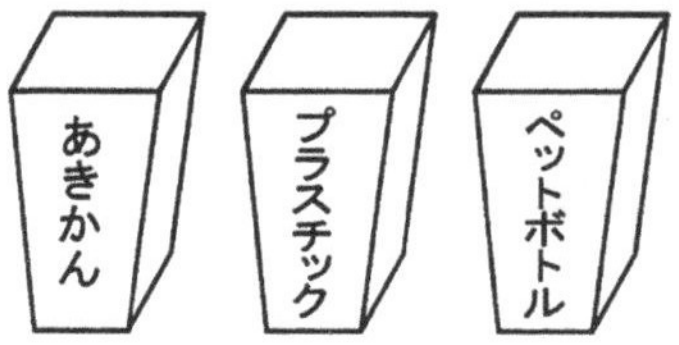

【資料６】イベント会場にけい示されたポスター

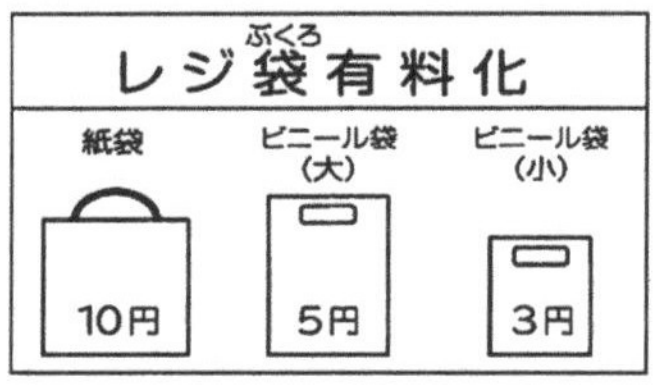

※

⑥	受検番号	

4　太郎《たろう》さんとお母さんは，金沢《かなざわ》駅から北陸新幹線に乗って，長野県でリンゴ農家をしているおじいさんの家へ行きました。

太郎さんは，新幹線の車内で，リンゴ畑の写真を見ながら，お母さんと話をしています。

【会話１】

太郎さん：あれ，リンゴの木のすぐ近くに，大きな木の箱があるよ。これは何だろう。
お母さん：これはハチの巣箱だよ。リンゴ農家の人は，ハチが花粉を運ぶ習性を利用してリンゴを作っているのよ。
太郎さん：どのようにハチの習性を利用しているの。
お母さん：リンゴは（　①　）しないと実ができないの。でも，一つ一つの花の（　②　）に，（　③　）にある花粉をつけていく作業はとっても大変なの。そこで，リンゴ農家の人は，ハチが花粉を運ぶ習性も利用して（　①　）の作業をしているんだよ。

ハチの巣箱

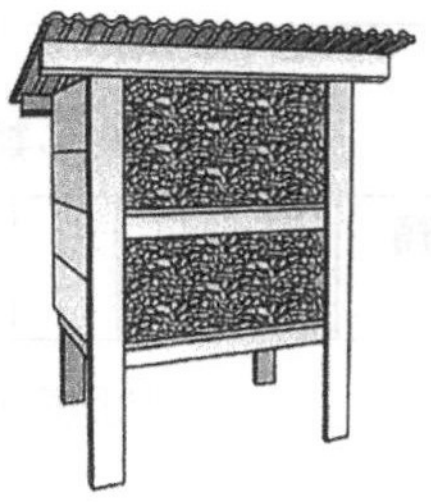

リンゴの花

問題１

（１）　【会話１】の（　①　）に当てはまる言葉を書きましょう。 2点

（２）　【会話１】の（　②　），（　③　）に当てはまる花の部分を何というか，それぞれ書きましょう。 2点×2

②	③

問題２　太郎さんは，正午ごろ長野駅を背景《はいけい》に，図１のような位置と向きで，写真をとりました。
そのときとった写真の太郎さんのかげとして最も適切なものを，図２のア～ウから１つ選び，記号を書きましょう。また，選んだ理由を書きましょう。 記号…２点　理由…６点

図１

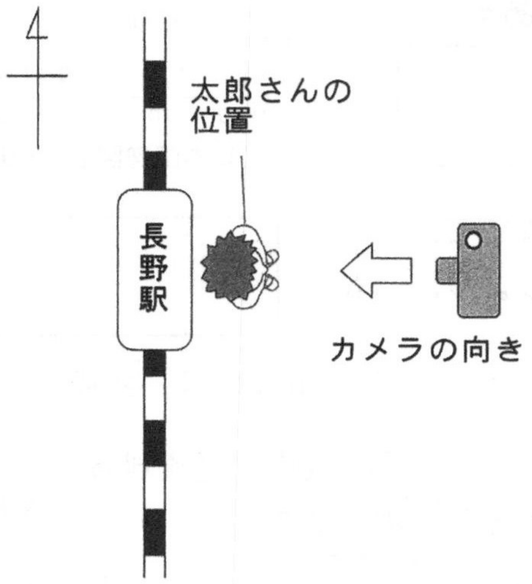

図２

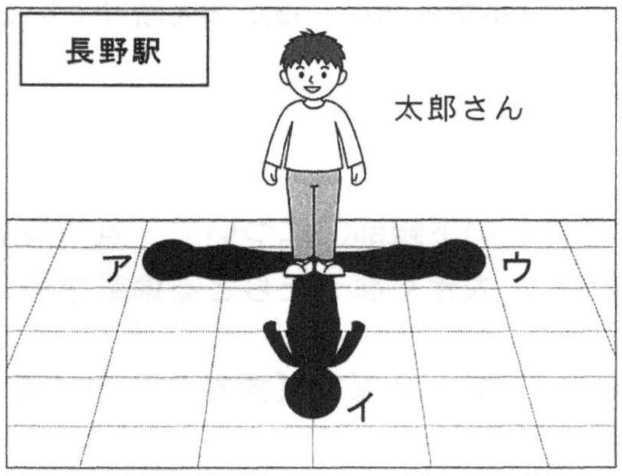

記号	理由

※

⑦	受検番号	

太郎《たろう》さんは，リンゴ畑に行き，おじいさんと話をしています。

【会話２】

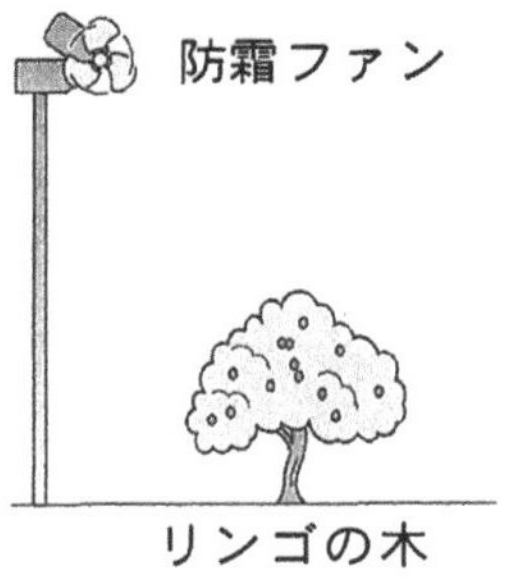

太郎さん：リンゴ畑に扇風機《せんぷうき》みたいな装置《そうち》があるけれど，あれは何なの。
おじいさん：防霜《ぼうそう》ファンだよ。防霜ファンは，夜に動かしてリンゴに霜《しも》がつかないようにしているんだよ。
太郎さん：霜って寒い日の朝などにできるんだよね。
おじいさん：地面や地面の近くにある物の温度が０℃以下になると，物に氷がつくことがあるんだ。これが霜だよ。
太郎さん：その霜となった水は，どこからきたものなのかな。
おじいさん：空気中の（　①　）だよ。
太郎さん：そうか。地面の水は（　②　）して，（　①　）になって空気中に出ていくんだった。
おじいさん：そうだね。だから，防霜ファンは，上空のあたたかい空気をリンゴに送り，霜がつくのを防ぐはたらきをしているんだよ。

問題３　【会話２】の（　①　），（　②　）に当てはまる言葉を，それぞれ書きましょう。 ２点×２

①	②

太郎さんは，リンゴ畑からおじいさんの家にもどり，おじいさんと話をしています。

【会話３】

太郎さん：ハチや防霜ファン以外にもリンゴを育てるときの工夫ってあるの。
おじいさん：リンゴの実は，太陽の光が当たった部分だけが赤くなるので，葉をとって太陽の光が当たるようにしているんだよ。でも，これだけではリンゴの実全体を赤くすることができないので，リンゴの木の下に銀色のシートをしいているんだよ。
太郎さん：いろいろな工夫がされていてすごいね。
おじいさん：ところで，リンゴが電池になるって知っているかい。リンゴに種類のちがう金属をさすと，金属が＋極と－極になって，リンゴが電池になるんだよ。ふつうの電池と同じように，直列つなぎや並列《へいれつ》つなぎにもできるよ。このリンゴで試してみよう。

問題４

（１）　【会話３】の下線部について，リンゴの木の下に銀色のシートをしくと，なぜリンゴの実全体を赤くすることができるのか，その理由を書きましょう。 ６点

（２）　太郎さんは，図３のようにリンゴ電池を作ってみましたが，電子オルゴールの音は小さくてよく聞こえませんでした。そこで太郎さんは，リンゴ電池２個を使って電流を大きくすれば，音が大きくなるのではないかと考え，試したところ，大きな音が出ました。
太郎さんは，どのようにリンゴ電池２個を導線でつないだと考えられますか，そのつなぎ方を図４にかきましょう。 ６点

図３

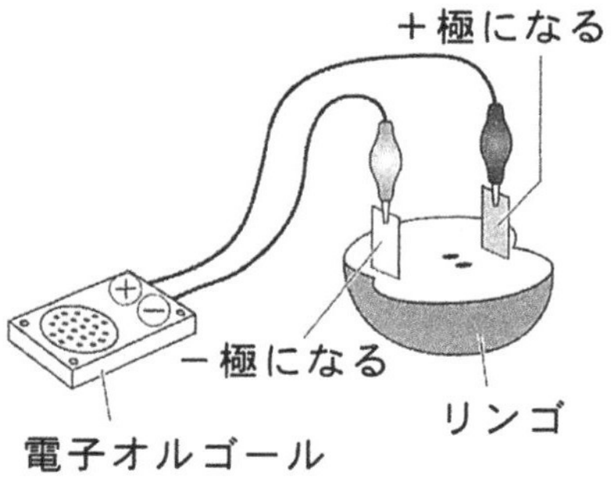

図４

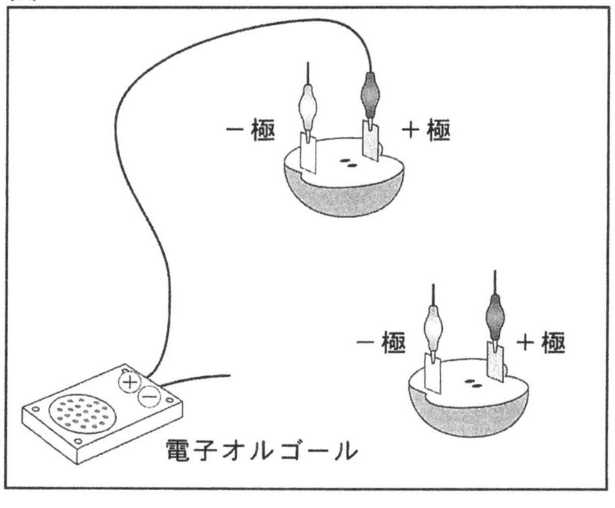

※

②

受検番号

令和三年度　総合適性検査Ⅰ　解答用紙　一枚《まい》目《め》

問題１．２点×２
問題２．４点
問題３．３点×２
問題４．６点
問題５．４点
問題６．６点
問題７⑴３点
　　　⑵７点

問題１

セツメイ

トり

り

問題２

15字

問題３

A

B

問題４

15字

20字

問題５

問題６

30字

20字

（解答用紙はもう一枚あります。）

※40点満点

※

③

受検番号

令和三年度　総合適性検査Ⅰ　解答用紙　二枚目《まいめ》

問題7

(1)

(2)

200字　160字

条件1　二段落《だんらく》構成で書くこと。
条件2　第一段落では、身体と感情が関わっていると感じたあなた自身の体験を書くこと。
条件3　第二段落では、第一段落で書いた体験をふまえて、自分の感情をコントロールするために、工夫したらよいと考えることを書くこと。
条件4　全体を、百六十字以上、二百字以内で書くこと。（改行により空いたマスは、字数にふくみます。）

※

①

受検番号

（石川県立金沢錦丘中学校）

令和二年度　石川県立中学校入学者選抜　総合適性検査Ⅰ

問題用紙

検査が始まる前に、次の〈注意〉を読んでください。

〈注意〉

一　問題用紙は、この表紙をふくめて四枚あり、これとは別に解答用紙が二枚あります。

二　答えは、全て解答用紙に記入してください。

三　受検番号は、問題用紙と解答用紙の指定された場所に記入してください。

四　解答用紙の左下にある ※ には、何も書いてはいけません。

五　検査の時間は、五十五分間です。「やめなさい」の合図でえんぴつを置き、上から問題用紙、解答用紙の順に置いてください。

六　問題用紙、解答用紙は、持ち帰ってはいけません。

指示があるまで中を見てはいけません。

次の【文章A】を読んで、あとの問いに答えましょう。（※が付いている言葉には〔注〕があります。）

【文章A】

二〇一六年にコンピュータの囲碁《いご》プログラム「アルファ碁」が韓国《かんこく》のトップ棋士《きし》イ・セドルに四勝一敗で勝ったことを覚えている方は多いと思いますが、実は最初にアルファ碁が打った手を見て、会場からは笑いが①起こったそうです。「そんな変なところに打っちゃって」「まあＡＩはまだそんなものなのだろう」という失笑《しっしょう》です。しかし、ゲームが進んで後半になってくると、人間が笑ったその一手がキいてきました。人間には最初の手の意味がわからなかったのですが、［　　　　］ということです。

囲碁というのは一般《いっぱん》に盤面《ばんめん》の四隅《よすみ》から攻《せ》めていきます。碁石を隅に打てば単純《たんじゅん》に考えると四方向のうち二方向についてだけ考えればよいわけですね。しかし、盤面の真ん中に石を置いてしまうと、四方向全てについて考えなければならなくなります。人間同士の対局でいきなり真ん中から打ち出すことはまずないのですが、それはもしかして、「四方向全てについて、あらゆる可能性を考える」のは人間の能力を超《こ》えているからではないでしょうか。だから逆に、素人《しろうと》の手のように見えてしまった。これはつまり、アルファ碁が最初に真ん中に打ち始めたときに、人間は脳《のう》の能力的に四隅から少しずつ絞《しぼ》っていく方法でしか戦えないのに対し、アルファ碁は盤面全てについて計算して考えられたということです。

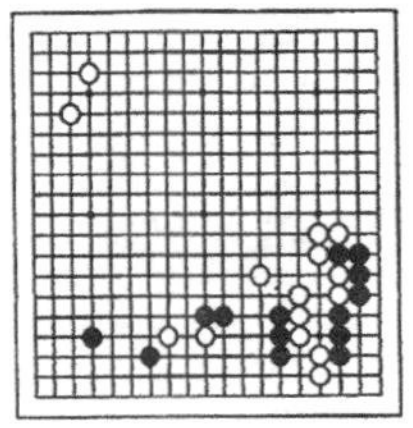

今までは人間同士でしか対局していなかったので誰《だれ》も気づきませんでしたが、もしかしたら、囲碁というのは人間の能力を超えている遊びだったのかもしれません。今、こうして全体を見渡《みわた》せる知能が生まれ、人間が生み出してこなかった未知の手が出てきてしまったことで、②そのことが何となく見えてきた。それで皆《みな》少し慌《あわ》てているところなのではないでしょうか。

現在は、ＡＩの打った手をプロのトップ棋士たちが数ヶ月かけて検証するような状況《じょうきょう》になっています。ＡＩがなぜそこに打ったのか、人間はすぐには理解できません。時間をかけて検証し、後から「ああ、なるほどね」と理解する。そして、ＡＩが生み出した新しい手を、今後は人間が、人間同士の対局で用いるようになってきています。

実は、オセロ、チェス、将棋《しょうぎ》、囲碁ＡＩの中で、囲碁が最も難《むずか》しく、人間に勝てるようになるまで一〇年はかかるのではないかといわれていました。

そんな人間の予想に反し、アルファ碁はすでに人間の処《しょ》理《り》能力を超えた手を考え、人間に勝つようになっています。これはまさに※1シンギュラリティです。アルファ碁がしていることが人間には理解できず、トッププロたちがうんうんうなって検証し、「こういう意味だろうね」と推測《すいそく》する。今はそれほど人間がＡＩの後追いをしている状況です。

では、人間が理解できない領域《りょういき》までＡＩが進んでしまった結果、囲碁の世界では何が起きているでしょうか。アルファ碁のせいでプロ棋士がいなくなったでしょうか。あるいは、ＡＩのほうが強いなんてつまらないからと、囲碁ブームが下火になっているでしょうか。全くそんなことはありませんね。

③「職が奪《うば》われる」とか「人間がＡＩの奴隷《どれい》になる」などは少し不安をあおりすぎな気がします。少なくともシンギュラリティの起きた囲碁の世界で、そんなことは起こっていません。むしろアルファ碁の知恵《ちえ》を借りることで、人間の打つ手も豊かになってきています。ＡＩを人間が使いこなすことで、可能性はどんどん広がってきているのです。

昨年、テレビの正月番組で、人間とＡＩによる囲碁のチーム戦を見ました。昔から囲碁や将棋の大会ではやっていたようなのですが、僕《ぼく》は初めて見て和《なご》やかさを感じ、とてもいいなと思いました。一方は高段者《こうだんしゃ》のプロ棋士、対局するのは、それほど段位の高くない女流棋士と囲碁ＡＩによる混合チームです。女流棋士は囲碁ＡＩと相談しながら打つ手を決めていきます。囲碁ＡＩが出した答えと自分が考えた手から打つ手を選ぶという方式だったのですが、面白《おもしろ》かったのが、選ぶべき手を人間がよく間違《まちが》えるということです。

人間のほうは見栄《みえ》や不安や迷いなどもあり、ついつい判断が鈍《にぶ》って間違いを犯《おか》してしまう。それに対して、ＡＩはあくまで冷静沈着《ちんちゃく》。その組み合わせが絶妙《ぜつみょう》で、④ＡＩと人間のかかわり方の一つのよい例だと感じました。現在、「ＡＩは人から職を奪う」「ＡＩが人間社会をシハイしてしまう」などと、ＡＩが人間に敵対する存在《そんざい》として語られることが多いのですが、むしろこのような和やかな付き合いになっていくのがあるべき方向ですし、実際、そのようになっていくだろうと思います。ＡＩはおそらく、コンピュータを含《ふく》むこれまでの道具の中で最も生き物的な道具になり、助言をくれたり手伝ってくれたりするパートナーのような存在になっていくのではないでしょうか。

（森川幸人《もりかわゆきひと》「イラストで読むＡＩ入門」筑摩書房《ちくましょぼう》による）

〔注〕

※1　シンギュラリティ　ＡＩ（人工知能）が発達し、人間の能力を超えることで、人間の生活や人間の在り方に大きな変化が起こること。

問題1　【文章Ａ】の中の、キいて、シハイを、それぞれ漢字で書きましょう。

問題2　【文章Ａ】の中の、①起こったそうですという述語に対応する主語は、どの言葉ですか。次のア〜エから一つ選び、記号を書きましょう。

ア実は　最初に　イアルファ碁《ご》が　打った手を見て、ウ会場からは　エ笑いが　①起こったそうです。

問題3　【文章Ａ】の中の、□に当てはまる言葉として最も適切なものを、次のア〜エから一つ選び、記号を書きましょう。

ア　アルファ碁の可能性はわかっていた
イ　アルファ碁には先までわかっていた
ウ　アルファ碁には限界がわかっていた
エ　アルファ碁の楽しさはわかっていた

問題4　次の文は、【文章Ａ】の中の、②そのことが、どのようなことを指すのかを説明したものです。□に入る適切な言葉を、【文章Ａ】の中から十字以上、十五字以内で抜《ぬ》き出して書きましょう。

囲碁は□であるということ。

問題5　【文章Ａ】の中に、③「職が奪《うば》われる」とか〜少し不安をあおりすぎな気がしますとありますが、筆者がこのように考えるのは、なぜですか。囲碁の例を挙げて、五十字以上、七十字以内で書きましょう。ただし、ＡＩは、［ＡＩ］と書くこととします。

問題6　【文章Ａ】の中に、④ＡＩと人間のかかわり方の一つのよい例とありますが、筆者が挙げている例と同じかかわり方を、次のア〜エから一つ選び、記号を書きましょう。

ア　人間にとってあぶない仕事を、ＡＩが人間の代わりに安全に行うこと。
イ　人間の仕事で、働き手が不足する仕事を人間に代わってＡＩが行うこと。
ウ　人間が迷って決められないことについて、ＡＩが役立つ情報を示すこと。
エ　人間が開発した機械を使って、ＡＩが人間の指示どおりに作業すること。

次の【文章Ｂ】を読んで、あとの問いに答えましょう。（※が付いている言葉には〔注〕があります。）

【文章Ｂ】

人間と人工知能の共存《きょうぞん》可能性について※1悲観的な人びとも存在《そんざい》する。たとえば、科学者ヒューゴ・デ・ガリスは、人間よりも高い知能を持つコンピュータがつくられれば、それを制御《せいぎょ》することは困難《こんなん》であり、人間と人工知能のあいだに戦争が勃発《ぼっぱつ》する可能性はあると主張する。※2人工超知《じんこうちょうち》能《のう》は、ひとたび実現すれば制御がほぼ不可能だ。それゆえ、それをつくり出すにあたっては、きわめて慎重《しんちょう》な姿勢《しせい》で臨《のぞ》む必要があるというのだ。

人工知能の発展《はってん》はもう一つ大きな問題を引き起こす。そしてそれはすでに現実のものとなりつつある。いわゆるデジタル失業の問題だ。

※3楽観的な人びとは、いまある仕事が機械化されたとしても、つぎに人手が必要となる新しい仕事が生まれるはずであり、失業者は転職するだけで、雇用《こよう》が失われることはないという。しかし、悲観的な人はこのような見方に※4懐疑的《かいぎてき》だ。新たな種類の労働もまた人工知能がこなすことのできる仕事である可能性が高く、人間に新たな働き口が生まれる保証はないからだ。

悲観的な人びととの見方が正しいとすれば、あまりに優秀《ゆうしゅう》な人工知能は開発しない方がよいのだろうか。

（鈴木貴之《すずきたかゆき》「１００年後の世界　ＳＦ映画《えいが》から考えるテクノロジーと社会の未来」化学同人《かがくどうじん》による）

〔注〕
※1　悲観的　　未来に望みはないと考える様子。
※2　人工超知能　　人間よりも高い知能を持つ人工知能のこと。
※3　楽観的　　物事がうまくいくと考え、不安にならない様子。
※4　懐疑的　　心の中に疑《うたが》いを持つ様子。

問題７　次の文は、【文章Ｂ】の中の、悲観的な人びととの～よいのだろうか　について、筆者がこのように考える理由を説明したものです。□に入る適切な言葉を、三十字以上、四十字以内で書きましょう。

あまりに優秀な人工知能を開発すると、□の二つの問題が生じるから。

問題８　【文章Ａ】と【文章Ｂ】を読み比べて、人工知能（ＡＩ）について、次のような【話し合い】が行われました。これを読んで、あとの問いに答えましょう。

【話し合い】

春川さん　ＡＩの開発が進んだら、私《わたし》たちの生活はどのように変化するのかな。
夏木さん　ＡＩを使ったロボットが、家事を手伝ったり、お年寄りの介護《かいご》を手伝ったりして、人間をもっと助けてくれるようになるんじゃないかな。
秋田さん　ＡＩの情報処理《しょり》能力が人間の能力を超《こ》えたら、例えば、法律《ほうりつ》や過去の判決内容のデータをもとに、より的確な判断を下すＡＩ弁護士が誕生《たんじょう》して、人間の弁護士は、必要なくなるかもしれないね。
春川さん　確かにＡＩについては、さまざまな角度から考えることができそうだね。

⑴　【話し合い】の中の発言と、【文章Ａ】または【文章Ｂ】の関連について説明したものとして最も適切なものを、次のア～エから一つ選び、記号を書きましょう。

ア　夏木さんは【文章Ａ】の筆者の考えについて反対する立場から発言している。
イ　夏木さんは【文章Ｂ】の悲観的な人びとの見方に近い立場から発言している。
ウ　秋田さんは【文章Ａ】の筆者の考えについて賛成する立場から発言している。
エ　秋田さんは【文章Ｂ】の悲観的な人びとの見方に近い立場から発言している。

⑵　【文章Ａ】と【文章Ｂ】を読み比べて、「これからの人工知能（ＡＩ）との付き合い方」についてどのように考えますか。あなた自身の考えを、次の条件にしたがって書きましょう。

条件１　二段落《だんらく》構成で書くこと。
条件２　第一段落では、「人工知能（ＡＩ）」に対するあなた自身の考えを、【文章Ａ】または【文章Ｂ】で述べられている内容と関連付けて書くこと。
条件３　第二段落では、あなたの考えの理由を、具体例を挙げて書くこと。
条件４　全体を、百六十字以上、二百字以内で書くこと。（改行により空いたマスは、字数にふくみます。）【文章Ａ】はＡ、【文章Ｂ】はＢなどと書いてもよい。ただし、ＡＩは、［ＡＩ］と書くこと。

②

受検番号

令和二年度　総合適性検査Ⅰ

解答用紙　一枚《まい》目《め》

※40点満点

問題1．　2点×2
問題2．　2点
問題3．　3点
問題4．　4点
問題5．　6点
問題6．　4点
問題7．　5点
問題8．　⑴2点
　　　　　⑵10点

問題1

キいて

いて

シハイ

問題2

問題3

問題4

10字

15字

問題5

70字

50字

問題6

問題7

30字

40字

（解答用紙はもう一枚あります。）

※

③

受検番号

令和二年度　総合適性検査Ⅰ　解答用紙　二枚《まい》目《め》

問題8

(1)

(2)

200字　160字

条件1　二段落《だんらく》構成で書くこと。

条件2　第一段落では、「人工知能（AI）」に対するあなた自身の考えを、【文章A】または【文章B】で述べられている内容と関連付けて書くこと。

条件3　第二段落では、あなたの考えの理由を、具体例を挙げて書くこと。

条件4　全体を、百六十字以上、二百字以内で書くこと。（改行により空いたマスは、字数にふくみます。）

【文章A】はA、【文章B】はBなどと書いてもよい。ただし、AIは、［AI］と書くこと。

※

①	受検番号	

令和２年度　石川県立中学校入学者選抜　総合適性検査Ⅱ

問　題　用　紙

検査が始まる前に，次の〈注意〉を読んでください。

〈注意〉

1　問題用紙は，この表紙をふくめて７枚あり，2の問題から始まります。解答用紙はありません。
2　答えは，問題用紙の［　　］に記入してください。
3　どの問題から始めてもかまいません。
4　受検番号は，問題用紙１枚ごとに右上の指定された場所に記入してください。
5　問題用紙の一番下にある［※　　］には，何も書いてはいけません。
6　検査の時間は，５５分間です。「やめなさい」の合図でえんぴつを置き，問題用紙を閉じ，表紙を上にして置いてください。
7　問題用紙は，持ち帰ってはいけません。

※110点満点

指示があるまで中を見てはいけません。

②	受検番号	

問題１．⑴５点　⑵６点　問題２．⑴５点　⑵６点　問題３．⑴６点　⑵８点　問題４．６点　問題５．８点

2　図書委員の太郎《たろう》さんと花子さんは，今月２３日の「学校読書の日」に向けて，いろいろな活動をしています。

問題１　全校児童の先週１週間の本の貸し出し冊数《さっすう》を調べました。

（１）　太郎さんの学校の６年生は９０人います。その中で，本を３冊《さつ》以上借りた人は，６年生全体の６０％でした。６年生で本を３冊以上借りた人は何人ですか，答えを書きましょう。

答え　　　　　人

（２）　太郎さんの学校の５年生は９０人います。右のグラフは，５年生が先週借りた本の冊数を，組別に合計したものを表しています。５年生は，先週１週間で１人平均何冊の本を借りたことになりますか，式と答えを書きましょう。

式

答え　　　　　冊

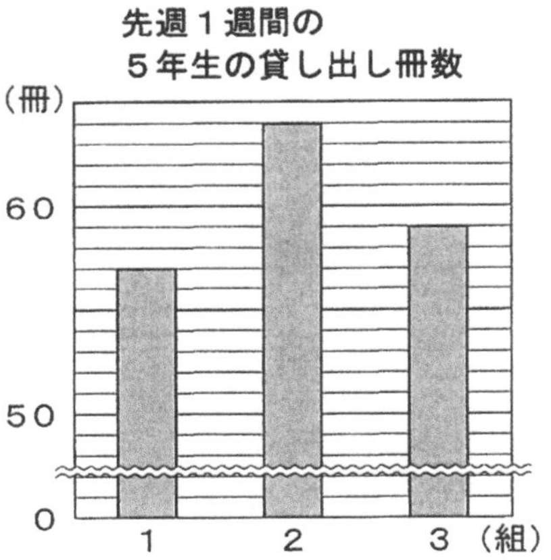

問題２　学校読書の日に，図書館でおすすめの本の展示《てんじ》と朗読会《ろうどくかい》を行うことになりました。

（１）　図書委員は，おすすめの本を展示するための机《つくえ》を準備します。おすすめの本は合計２７冊あり，机１台に６冊まで置くことができます。全ての本を置くには，机は，最も少なくて何台あればよいですか，答えを書きましょう。

答え　　　　　台

（２）　朗読会では，プロジェクターを使ってイラストを映《うつ》します。下の図は，最初にスクリーンに映した画面を表したものです。映った画面が小さかったので，画面の縦《たて》の長さが１．５ｍになるように拡大《かくだい》しました。そのとき，拡大した画面の横の長さは何ｍになりますか，式と答えを書きましょう。
ただし，画面の縦と横の長さの比は変わらずに拡大されるものとします。

式

答え　　　　　ｍ

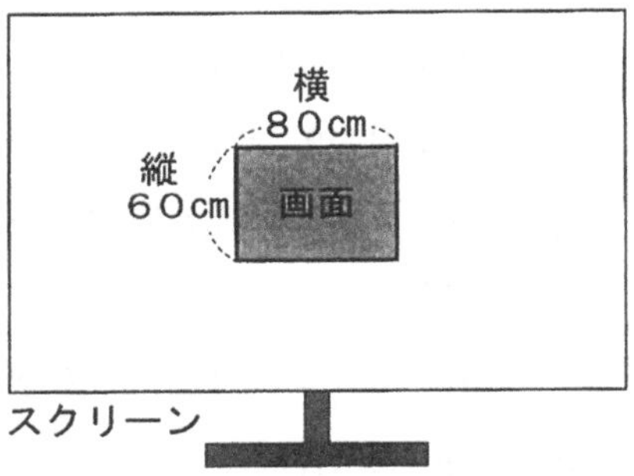

問題３　図書館前の廊下《ろうか》に，本を紹介《しょうかい》するカードを掲示《けいじ》することになり，その準備を始めました。

（１）　カードを，次の①～③の手順で作ります。この手順でできる図形の名前を書きましょう。

①　正方形を半分に折り曲げる。　　②　①を半分に折り曲げる。　　③　ア，イを結ぶ直線で ▨ を切り落とし，残ったＡの部分を重なりがなくなるまで広げる。

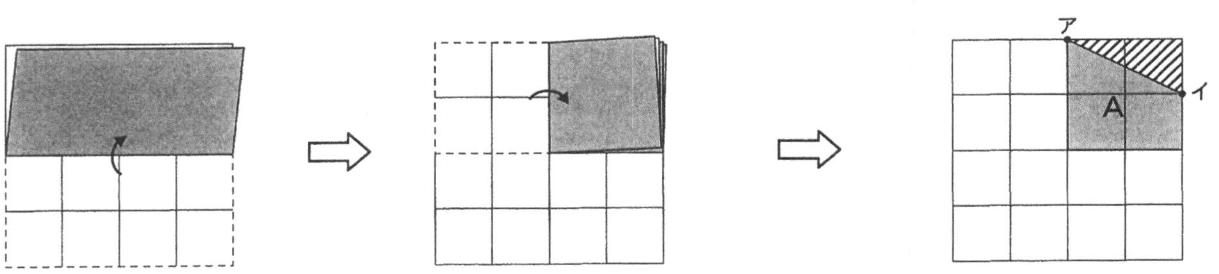

答え

※

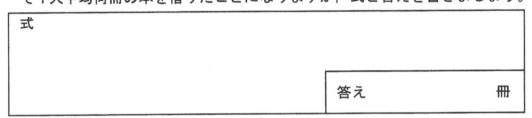

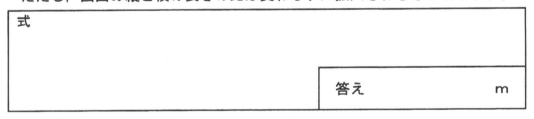

③	受検番号	

（２）　太郎《たろう》さんと花子さんは，毎日少しずつカードを作っています。右の表は，昨日，太郎さんと花子さんがそれぞれ作った枚数《まいすう》と，その枚数を作るのにかかった時間を表しています。

	枚数	作るのにかかった時間
太郎さん	１８枚	４分
花子さん	２４枚	５分

今日はこの後，２人でそれぞれ３０分間カードを作ります。どちらの方が，何枚多く，カードを作ることができますか，求め方を言葉や式を使って書きましょう。また，答えも書きましょう。ただし，２人がそれぞれ１枚のカードを作るのにかかる時間は，いつも変わらないものとします。

求め方

答え　　　　さんの方が　　　　枚多く作ることができる。

問題４　学校読書の日の後，下の図１のような直方体の形をした図かんを，図２のような直方体の箱に入れて片《かた》づけました。図３のように図かんが箱からはみ出さないように入れていくと，１５冊《さつ》入れることができました。図４は，図３を真上から見たものです。これに続けて，図かんを箱からはみ出さないようにしながら入れていくと，箱には，最も多くて合計何冊の図かんを入れることができますか，答えを書きましょう。ただし，図かんをななめに入れたり，曲げたり，折ったり，切ったりしてはいけません。

図１
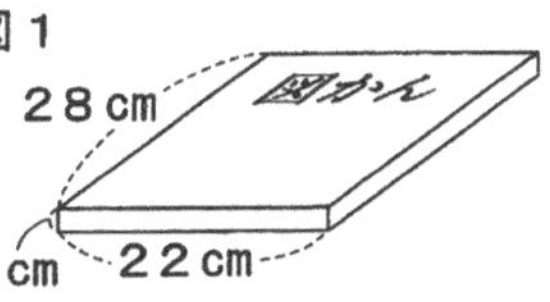

図２
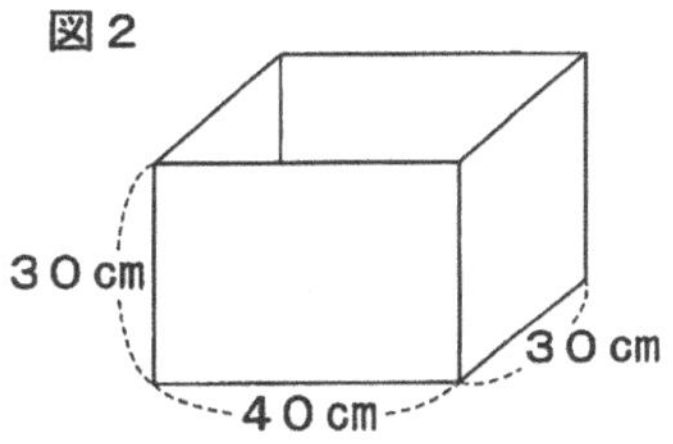

図３
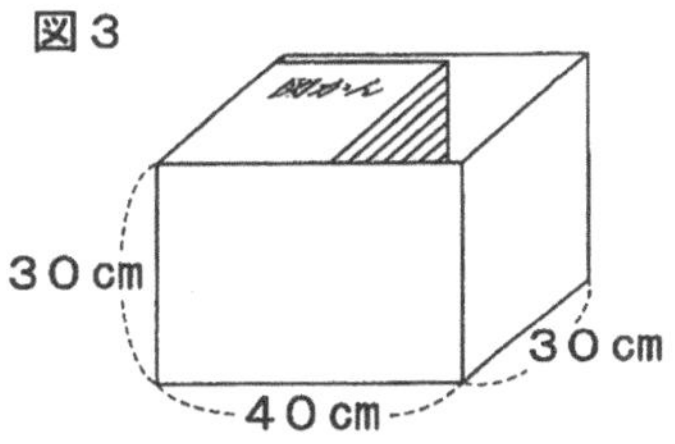

図４
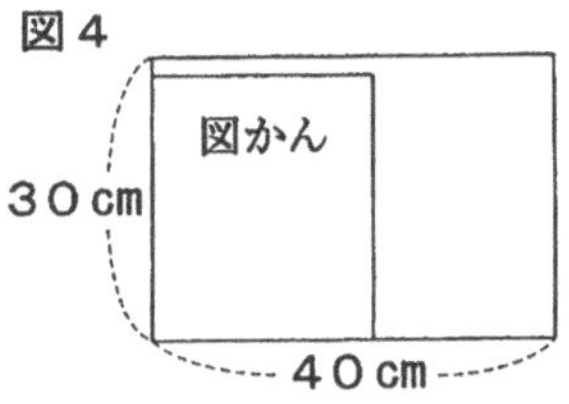

答え　　　　冊

問題５　太郎さんは学校読書の日に図書館で本を１冊借りました。本を借りた日に，その本全体の$\frac{1}{3}$を読み，次の日は，残りの$\frac{2}{5}$を読みました。太郎さんは，あと６０ページでこの本を読み終えます。太郎さんが借りたのは，何ページの本ですか，求め方を言葉や式や図などを使って書きましょう。また，答えも書きましょう。

求め方

答え　　　　ページの本

※

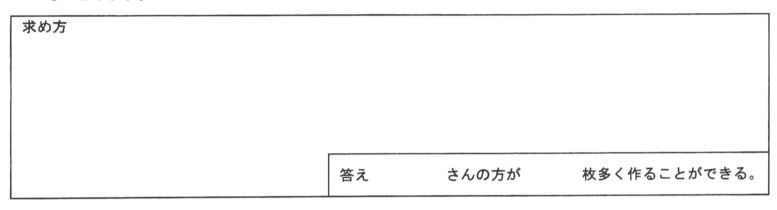

問題１．３点　問題２．①３点　②６点　問題３．６点　問題４．３点　問題５．(1)３点　(2)６点

3　東京オリンピック・パラリンピックに関するニュースを見て，太郎《たろう》さんと花子さんが話しています。

【会話】

太郎さん：東京オリンピック・パラリンピックでは，たくさんの国から，いろいろな競技の選手が日本に来るね。
花子さん：石川県でも，①カナダや②フランスなどの選手団が事前に合宿を行うそうよ。
太郎さん：もし選手と交流できたら，石川県の③伝統的工芸品や④伝統文化のことを紹介《しょうかい》したいな。
花子さん：そうね。輪島塗《わじまぬり》や九谷焼《くたにやき》，山中漆器《やまなかしっき》などは海外でも有名だからね。
太郎さん：他に，歴史の舞台《ぶたい》になった場所も紹介したいな。
花子さん：それだったら，倶利伽羅峠《くりからとうげ》はどうかしら。武士たちによる大きな戦いがあったところよ。この戦いをふくめたいくつかの戦いののち，初めて日本に⑤幕府《ばくふ》が開かれ，武士が政治の中心になっていくのよね。
太郎さん：いろいろなことを紹介できるように，石川県についてもっとくわしく調べてみよう。
花子さん：私は合宿を行う国について調べてみるわ。

問題１　【会話】の下線部①について，カナダの位置を，【地図】のア～エから１つ選び，記号を書きましょう。

【地図】

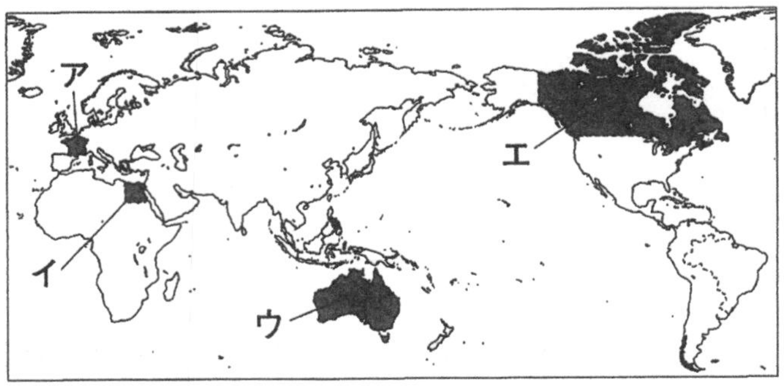

問題２　【会話】の下線部②について，花子さんはフランスに関連のある【資料１】を見つけ，読み取ったことや考えたことを【ノート】にまとめました。【ノート】の ① にあてはまる輸出品と， ② にあてはまる内容を，それぞれ書きましょう。

【資料１】フランスの輸出総額と輸出品のうちわけの変化

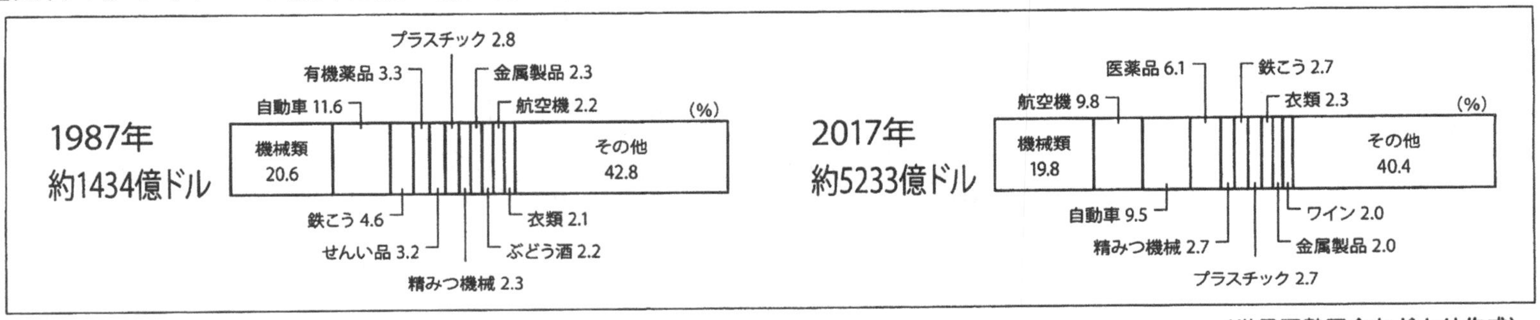

（世界国勢図会などより作成）

【ノート】

・１９８７年に約１４３４億ドルだった輸出総額は，２０１７年には約５２３３億ドルになった。
・機械類，鉄こう，プラスチック，金属製品，自動車の５つの輸出品の割合《わりあい》が，２０１７年は１９８７年より減っている。また，航空機，精みつ機械，衣類の３つの輸出品の割合が，２０１７年は１９８７年より増えている。
・有機薬品，せんい品，ぶどう酒の３つの輸出品は１９８７年のみにある。また，医薬品，ワインの２つの輸出品は２０１７年のみにある。
・輸出品の中で自動車の割合は，１９８７年も２０１７年も上位を占《し》めているが，２０１７年は１９８７年より２．１％減っている。
・輸出品の中で ① の割合が，２０１７年は１９８７年より７．６％増え，上位を占めるようになった。

<まとめ>

● １９８７年も２０１７年も，輸出品の上位３つの割合の合計が全体の３割をこえていることから，フランスの輸出の特色である ② ということは，変わっていないと言える。

※

問題３　【会話】の下線部③について，太郎《たろう》さんは石川県の伝統的工芸品に関する【資料２】と【資料３】を見つけ，それらをもとにしてつくった学習問題と，その予想を【ノート】に書きました。【ノート】の □ に学習問題を書きましょう。

【資料２】石川県の伝統的工芸品の生産額の推移《すいい》

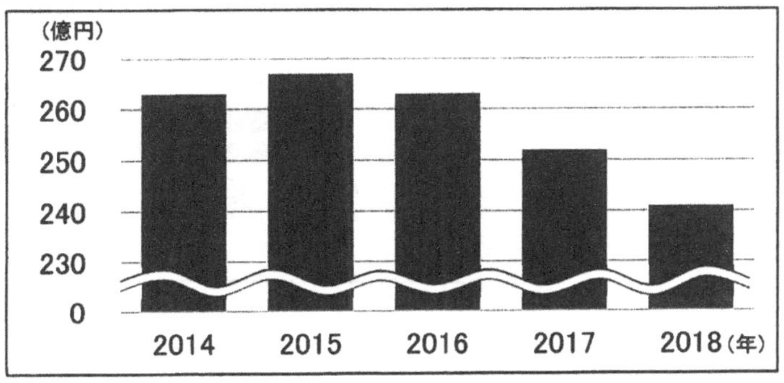

【資料３】石川県の伝統的工芸品の輸出額の推移

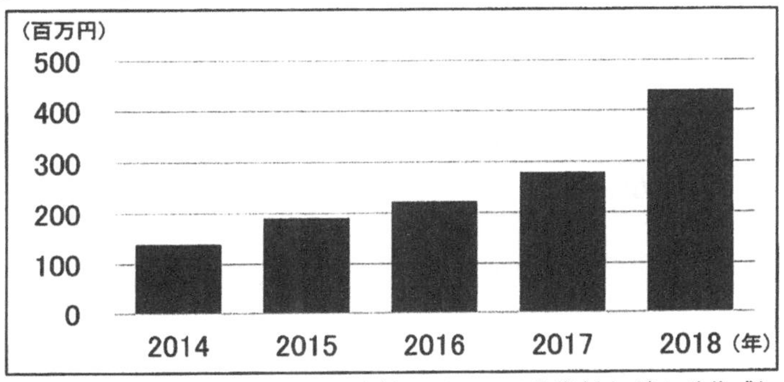

（資料２と資料３は，石川県資料などより作成）

【ノート】

○学習問題	
○予　　想	国内での売り上げがのびていなかったり，伝統的工芸品をつくる職人が減っていたりするからではないだろうか。

問題４　【会話】の下線部④について，【資料４】は石川県でもさかんな能《のう》の写真です。田楽《でんがく》や猿楽《さるがく》が発展し，能として確立した時代と，同じ時代の文化の説明として適切なものを，次のア～エから１つ選び，記号を書きましょう。

ア　清少納言《せいしょうなごん》はかな文字を使って，自然や生活のようすなどを「枕草子《まくらのそうし》」に書いた。
イ　それまでの中国の形式に独自の考えを加え，雪舟《せっしゅう》は水墨画《すいぼくが》（すみ絵）を大成した。
ウ　歌川《うたがわ》（安藤《あんどう》）広重《ひろしげ》の「東海道五十三次」など，浮世絵《うきよえ》と呼《よ》ばれる版画が流行した。
エ　文明開化の中，福沢諭吉《ふくざわゆきち》は「学問のすすめ」を書き，新しい時代の生き方を説いた。

【資料４】

問題５　【会話】の下線部⑤について，太郎さんは初めて日本に開かれた幕府に関連のある【資料５】と【資料６】を見つけました。

【資料５】北条政子のうったえ

> 右大将軍《うだいしょうぐん》どのが敵をほろぼして幕府《ばくふ》をひらいてから，あなたがたにあたえられた恩を考えると，その恩は山よりも高く，海よりも深いものです。その恩に報《むく》いようとする気持ちがある者は，敵軍をうって幕府を守りましょう。

（「吾妻鏡」より作成）

【資料６】元寇《げんこう》のときの武士の活やくをえがいた絵

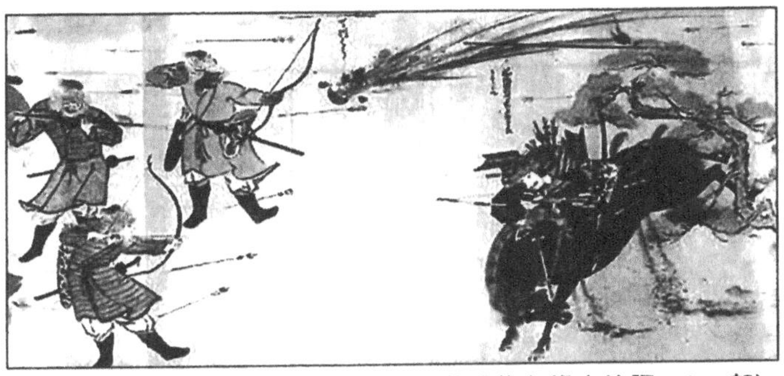

（宮内庁所蔵「蒙古襲来絵詞」の一部）

（１）　【資料５】の下線部は，この幕府を開いた人物です。当てはまる人物の名前を書きましょう。

（２）　【資料６】は，ある武士（御家人《ごけにん》）が，元寇のときの自分の活やくをえがかせた絵です。彼は元寇のあと，幕府に対し自分の活やくを必死にうったえました。なぜ自分の活やくを幕府にうったえる必要があったのでしょうか。その理由を，【資料５】と【資料６】をもとに，「ご恩」と「奉公《ほうこう》」の２つの言葉を使って書きましょう。

※

問題１．３点×２　問題２．⑴３点　⑵５点　問題３．４点×２　問題４．４点×２

4　太郎《たろう》さんと花子さんは，夏休みの自由研究を共同で行うことにして，テーマを「空き缶《かん》のリサイクル」に決めました。

問題１　２人は，缶ジュースを飲みながら，研究をどのように進めるか，話し合いをしています。

図１

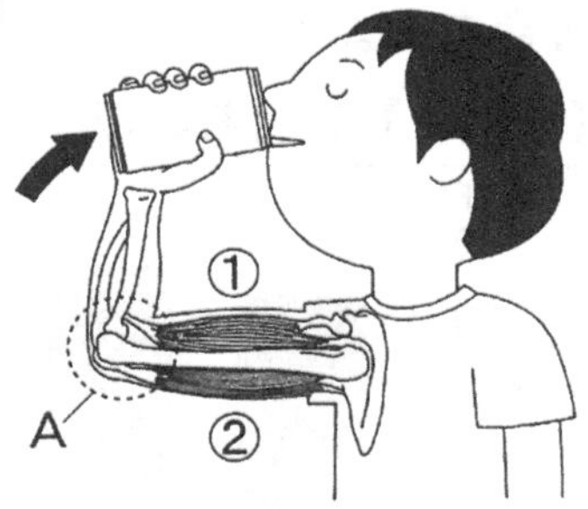

（１）　図１は，缶ジュースを飲んでいる太郎さんの絵です。図１のＡのように，うでを曲げることができる骨《ほね》と骨のつなぎ目の部分を何というか，書きましょう。

（２）　図１の ➚（矢印）のように太郎さんがうでを曲げるとき，①・②の筋肉《きんにく》はどうなりますか。次のア～エの中で，最も適当なものを１つ選び，記号を書きましょう。

ア　①の筋肉はゆるみ，②の筋肉はちぢむ。
イ　①・②の筋肉は，どちらもちぢむ。
ウ　①の筋肉はちぢみ，②の筋肉はゆるむ。
エ　①・②の筋肉は，どちらもゆるむ。

問題２　次の日，２人は川の上流にあるリサイクル工場へ，バスで見学に行くことにしました。

（１）　２人が乗ったバスは，川沿《かわぞ》いの道を通ってリサイクル工場へ向かいました。川のようすのうち，最も上流のものはどれですか。次のア～ウから１つ選び，記号を書きましょう。

ア

イ

ウ

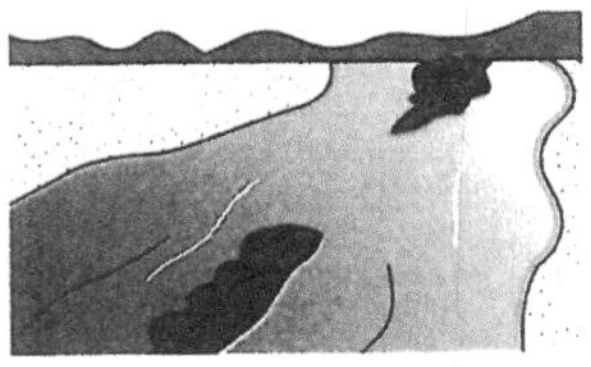

（２）　２人がバスの窓《まど》から外を見ていると，図２のように，川が曲がっているところの外側だけ，川岸がコンクリートで固められていることに気がつきました。川岸が外側だけコンクリートで固められているのはなぜですか，流れる水の速さと関係づけて，「しん食」の言葉を使い，理由を書きましょう。

図２

コンクリートで固めた川岸

※

問題３　リサイクル工場に着いた２人は，空き缶《かん》の分別作業について工場の人から話を聞きました。

図３

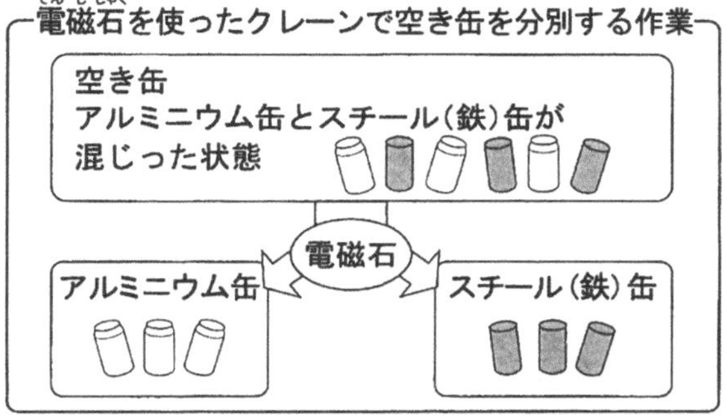

【工場の人の話①】

図３のように，空き缶の分別作業では，電磁石を使ったクレーンで，スチール(鉄)缶だけを取り出して，くっつけたまま運ぶんだよ。

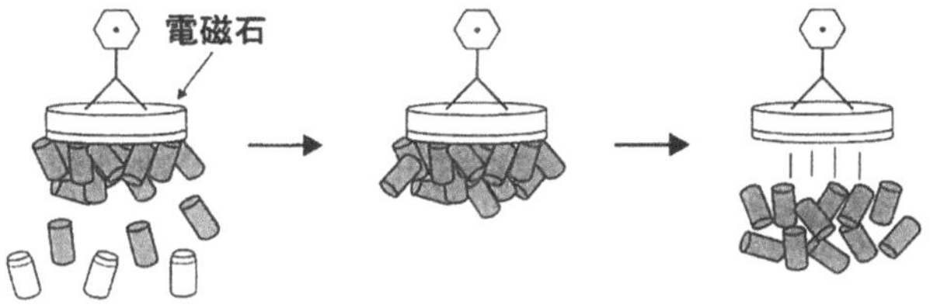

（１）　【工場の人の話①】の下線部から，太郎《たろう》さんはもっとたくさんのスチール（鉄）缶を一度に運べないかと考えました。次の［　　　］に当てはまる言葉を書きましょう。

たくさんのスチール（鉄）缶を運べるようにするには，電磁石の力を大きくする必要があるね。電磁石の力を大きくする方法には，コイルのまき数を増やす方法と［　　　　　　　　　　］する方法があるよ。

（２）　太郎さんは，クレーンでスチール（鉄）缶を運ぶとき，図４のように，Ｂのスチール（鉄）缶が電磁石に直接ふれていない状態で他の缶にくっついていることに気がつきました。それはなぜですか，鉄の性質をふまえて，理由を書きましょう。

［　　　　　　　　　　　　　　　　　　　　］

図４

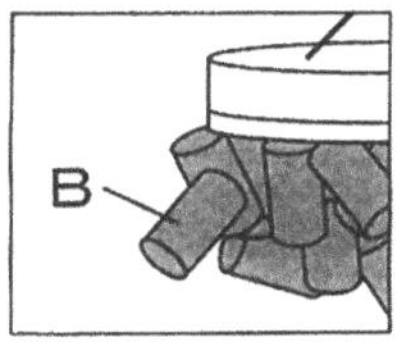

問題４　２人は，分別した空き缶をプレス機でつぶして固める作業を見学しています。

図５

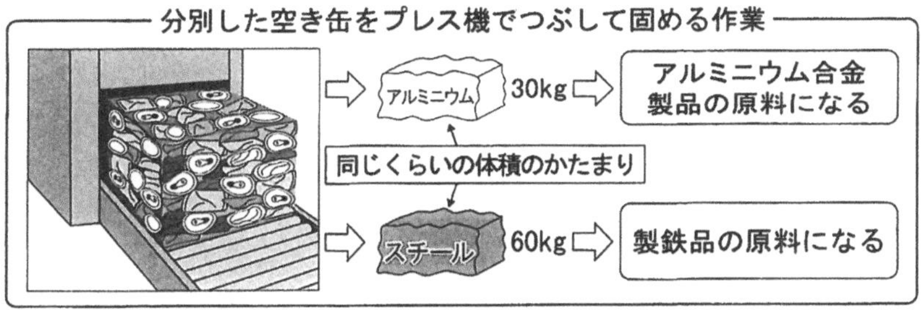

【工場の人の話②】

あとの作業をしやすくするために，図５のように，たくさんの空き缶をつぶして，同じくらいの体積のかたまりをつくるんだよ。

（１）　【工場の人の話②】から，花子さんは，30kg のアルミニウムのかたまりを見て，１つのかたまりには何本のアルミニウム缶が使われているのかと疑問《ぎもん》に思いました。350mL のアルミニウム缶だけでかたまりがつくられているとすると，何本使われていることになるでしょうか。350mLのアルミニウム缶の空き缶１本の重さは 15g です。

［　　　　　　本］

（２）　【工場の人の話②】の下線部から，花子さんは，空き缶１本の重さが15gの350mLのアルミニウム缶だけでかたまりをつくったときと，空き缶１本の重さが20g の500mL のアルミニウム缶だけでかたまりをつくったときとでは，どちらが重くなるのかと疑問に思い，工場の人に質問しました。その回答として最も適当なものを，次のア～ウから１つ選び，記号を書きましょう。

ア　「350mL の缶だけのかたまりのほうが，本数が多いので，重くなるよ。」
イ　「500mL の缶だけのかたまりのほうが，１本あたりの重さが重いので，重くなるよ。」
ウ　「どちらも同じくらいの体積のかたまりになるので，だいたい同じ重さになるよ。」

［　　］

［※　　　　］

①
受検番号

（石川県立金沢錦丘中学校）

平成三十一年度　石川県立中学校入学者選抜　総合適性検査Ⅰ

問題用紙

検査が始まる前に、次の〈注意〉を読んでください。

〈注意〉

一　問題用紙は、この表紙をふくめて四枚あり、これとは別に解答用紙が二枚あります。

二　答えは、全て解答用紙に記入してください。

三　受検番号は、問題用紙と解答用紙の指定された場所に記入してください。

四　解答用紙の左下にある［※］には、何も書いてはいけません。

五　検査の時間は、五十五分間です。「やめなさい」の合図でえんぴつを置き、上から問題用紙、解答用紙の順に置いてください。

六　問題用紙、解答用紙は、持ち帰ってはいけません。

指示があるまで中を見てはいけません。

次の【文章】を読んで、あとの問いに答えましょう。（※が付いている言葉には〔注〕があります。）

【文章】

知識をただ覚えておくだけでは、教養・知性にはなりません。頭のどこかに間借《まが》りしているだけです。それをその人なりに血肉化していくには、「考える」という作業が不可欠です。

「考える」というのは、新しい意味、あるいは※1因果関係《いんが》を見つけていくことです。一見するとつながりがないように思えることも、それらを別の文脈や論理《ろんり》の世界に持ち出して丁寧《ていねい》に消化していくと、少しずつつながっていることが見えてくるから不思議です。

しばしば「真理はひとつ」だと言われます。エネルギーはさまざまなかたちで現象を生み出しているけれども、これはすべてある大きなホウソクに基《もと》づいている。私《わたし》たちの心の中で起こっていることも、外で起こっていることも、すべてつながっているかもしれない、ということです。

そういうことが少しでも感じられると、ものの見方も違《ちが》ったものになるでしょう。これこそが、教養を身につけるということのひとつの意味で、①それはまた、学ぶことの意味でもあるわけです。

登山で、道なき道を登っていったら、自分のいる場所がわからなくなります。［A］、あるところまで来ると、急に見晴らしがいいところに出る。そうすると、「うわぁ、こんなきれいなところがあったのか」と感動すると同時に、自分が今いるところが、別のかたちで見えてくることがあります。②上に行けば行くほど、周りの山や空、遠くにある滝《たき》などが見えてきます。

学ぶというのは、山を少しずつ、少しずつ登っているようなものです。登るにつれて、見える世界が少しずつ大きくなり、広がっていきます。そして、自分が今いる場所が、徐々《じょじょ》にわかってきます。

上まで行けばそういうことがわかるけれども、途中《とちゅう》で周りを見ても木や草しか見えなくて、自分がどこにいるかわからないものです。これは皆《みな》さんが、学んでいる状況《じょうきょう》とニていいます。

学ぶにつれて、いろいろなことがつながってきて、ものごとを※2俯瞰《ふかん》して見られるようになると、自分の立ち位置、さらには自分が生きている世界が見えてきます。③学ぶということは、山を登ることと同じです。

いろいろな知識がつながってくると、世の中がよく見えてきます。それまで自分が経験的に知っていたことと、新しく教えてもらったことがつながって、もうひとつ高いレベルで意味を理解できるようになるからです。

そうすると、世界の見え方が変わり始めます。これが、学ぶことの※3醍醐味《だいごみ》です。

今までまったく文字が読めなくて、五〇歳《さい》になって、初めて文字を勉強し始めた女性がいました。彼女《かのじょ》は、「文字を勉強してから、夕日ってこんなにきれいだったのか、と思えるようになった」と言います。

文字を読めるようになると、④知識への水路が広がります。いろいろなことを理解し、それらの知識がつながってきたことによって、夕日の美しさに改めて気づいた、というのです。［B］、人間の美意識は、知識とその知識への水路を少しでも身につけた自分という存在《そんざい》の喜びにつながっているということです。

また別の、二〇代で初めて文字を勉強した若者《わかもの》は、「今まで平気で蹴《け》とばしていた木の根っこを、蹴とばせなくなった」と言っています。

やはり、文字を学び始めたことで、いろいろなものの命に気づいたのでしょうか。知識への水路を身につけていると、自分の周りのものを粗末《そまつ》にできなくなるようなのです。

学ぶことによって自分たちを支えてくれているものが見えてきて、自分の命とそれらがつながっていることに気づくようになった。そうすると、⑤世界の見え方は、まったく変わってしまうというのです。そういうことがわかると、おそらく⑥学ぶことはどんどん面白《おもしろ》くなっていくはずです。

（汐見稔幸《しおみとしゆき》「人生を豊かにする学び方」筑摩書房《ちくましょぼう》 による）

〔注〕

※1 因果関係　原因と、それによって起こる結果の関係。

※2 俯瞰　高所から見下ろしてながめること。

※3 醍醐味　ものごとを深く経験して得られる良さで、他のものに代えることができないもの。

問題1　【文章】の中の　ホウソク、ニています　を、それぞれ漢字で書きましょう。

問題2　次の文は、【文章】の中の、①それ　がどのようなことを指すのかを説明したものです。[　　]に入る適切な言葉を、【文章】の中から七字で抜《ぬ》き出して書きましょう。

考えることで、いろいろな知識が[　　]ように感じられると、ものの見方が違《ちが》ったものになること。

問題3　【文章】の中の、[A]・[B]にあてはまる言葉の組み合わせとして最も適切なものを、次のア～エから一つ選び、記号を書きましょう。

ア　A　ところが　　B　つまり
イ　A　しかし　　B　けれども
ウ　A　すると　　B　むしろ
エ　A　ところで　　B　だから

問題4　【文章】の中の、②上に行けば行くほど　は、どの言葉に係っていますか。次のア～ウから一つ選び、記号を書きましょう。

②上に行けば行くほど、周りの山や空、（ア）遠くにある滝《たき》などが（イ）見えてきます。（ウ）

問題5　次の文は、【文章】の中の、③学ぶということは、山を登ることと同じ　について、学ぶことのどのようなことと、山を登ることのどのようなことが同じなのかを説明したものです。[　　]に入る適切な言葉を、三十字以上、四十字以内で書きましょう。

学ぶにつれて、ものごとを高い所から見下ろせるようになり、自分の立ち位置が見えてくることと、山を登るにつれて、[　　]が、同じである。

問題6　【文章】の中に、④知識への水路　とありますが、ここでの「知識への水路」とは、どのようなことを表していると考えられますか。最も適切なものを、次のア～エから一つ選び、記号を書きましょう。

ア　得た知識を伝えるための言葉。
イ　新たな知識へと導く道すじ。
ウ　知識を分類、整理する手立て。
エ　知識を生み出している場所。

問題7　【文章】の中に、⑤世界の見え方は、まったく変わってしまう　とありますが、例に挙げられている「二〇代で初めて文字を勉強した若者《わかもの》」が、「今まで平気で蹴《け》とばしていた木の根っこを、蹴とばせなくなった」のはなぜだと考えられますか。「命」「周り」という言葉を使い、「文字を勉強したことで、」という書き出しの言葉に続けて、四十字以上、六十字以内で書きましょう。なお、書き出しの言葉は字数にふくみません。

問題８　【文章】を読んだあと、【文章】の中の、⑥学ぶこと について、次のような【話し合い】が行われました。これを読み、あとの問いに答えましょう。

【話し合い】

春川さん　【文章】の中で筆者は、「学ぶことの意味・理由」について述べていたね。私達《わたしたち》と同じ小学生は、「学ぶこと」についてどんなふうに考えているのかな。

夏木さん　次のような【資料】があるよ。勉強する理由はいろいろ挙げられているけれど、大きくA～Dのグループに分けられるみたいだね。

秋田さん　本当だ。例えばDのグループは、「しかられたくない」、「ほめられたい」、「ごほうびをもらえる」といった、「他の人からの評価や反応」を勉強する理由にしているグループだと言えそうだね。

春川さん　なるほどね。私は、自分が何のために勉強しているのかなんて、しっかり考えたことはなかったわ。学校では、みんなが勉強しているんだから、自分も勉強しなければいけないとしか考えていなかったわ。

夏木さん　そうなんだ。ぼくは、将来《しょうらい》やってみたい仕事があるから、そのために勉強をがんばっているよ。みんながそれぞれ、自分にとっての「学ぶことの意味・理由」について、立ち止まって考えてみるいい機会かもしれないね。

【資料】

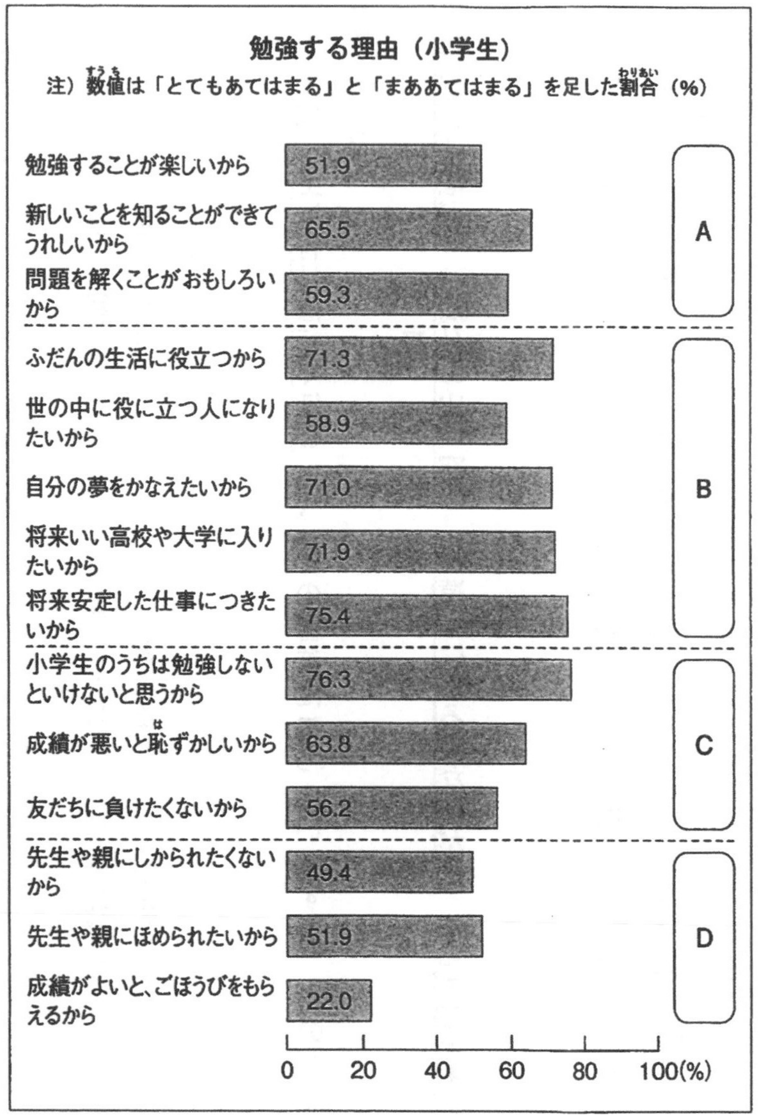

※ベネッセ教育総合研究所　2014年「小中学生の学びに関する実態調査」をもとに作成。
※各理由について、「とてもあてはまる」「まああてはまる」「あまりあてはまらない」「まったくあてはまらない」を選ぶかたちで答えた。

(1)　□の春川さんの発言について、春川さんの学ぶ理由は、【資料】のA～Dのどのグループに入りますか。最も適切なものを、A～Dの中から一つ選び、記号を書きましょう。

(2)　あなた自身は、「学ぶことの意味・理由」についてどのように考えますか。あなた自身の考えを、次の条件にしたがって書きましょう。

条件１　二段落《だんらく》構成で書くこと。
条件２　第一段落では、あなたが考える「学ぶことの意味・理由」を【資料】を参考にして書くこと。
条件３　第二段落では、【文章】の筆者が考える「学ぶことの意味・理由」と、第一段落で書いたあなたの考えを関連させながら書くこと。
条件４　全体を、百六十字以上、二百字以内で書くこと。（改行により空いたマスは、字数にふくみます。）

②

受検番号

平成三十一年度 総合適性検査Ⅰ 解答用紙 一枚《まい》目《め》

問題1

ホウソク

2点

ニています

ています

2点

問題2

4点

問題3

3点

問題4

2点

問題5

30字

40字

5点

問題6

4点

問題7

文字を勉強したことで、◆

60字

40字

6点

※◆の印から書きましょう。
とちゅうで行を変えないで、続けて書きましょう。

（解答用紙はもう一枚あります。）

※40点満点

※

③ 受検番号

平成三十一年度 総合適性検査Ⅰ 解答用紙 二枚《まい》目《め》

問題8

(1)

2点

(2)

200字

160字

10点

条件1 二段落《だんらく》構成で書くこと。

条件2 第一段落では、あなたが考える「学ぶことの意味・理由」を【資料】を参考にして書くこと。

条件3 第二段落では、【文章】の筆者が考える「学ぶことの意味・理由」と、第一段落で書いたあなたの考えを関連させながら書くこと。

条件4 全体を、百六十字以上、二百字以内で書くこと。（改行により空いたマスは、字数にふくみます。）

※

①	受検番号	

※110点満点

平成３１年度　石川県立中学校入学者選抜　総合適性検査Ⅱ

問　題　用　紙

検査が始まる前に，次の〈注意〉を読んでください。

〈注意〉

1　問題用紙は，この表紙をふくめて７枚あり，2の問題から始まります。解答用紙はありません。
2　答えは，問題用紙の［　　］に記入してください。
3　どの問題から始めてもかまいません。
4　受検番号は，問題用紙１枚ごとに右上の指定された場所に記入してください。
5　問題用紙の一番下にある［※　　］には，何も書いてはいけません。
6　検査の時間は，５５分間です。「やめなさい」の合図でえんぴつを置き，問題用紙を閉じ，表紙を上にして置いてください。
7　問題用紙は，持ち帰ってはいけません。

指示があるまで中を見てはいけません。

2 太郎《たろう》さんの小学校では，毎年春に１年生，２年生，６年生が参加する「なかよし遠足」を行っています。
今年は，お城《しろ》のある公園に行くことになりました。

問題１　遠足では，６年生全員が，１年生と２年生のお世話をします。

（１）　遠足に参加している６年生は６３人で，１年生と２年生はあわせて１２６人です。６年生１人あたりがお世話をする１年生と２年生の人数は何人ですか，答えを書きましょう。　4点

答え　　　　人

（２）　みんなで学校を出発して，お城のある公園に行きました。右のグラフは，このときの出発してからの時間と，学校から公園までの道のりの関係を表したものです。学校から公園までは，同じ速さで歩いたこととします。学校から公園までの道のりは何ｋｍですか，式と答えを書きましょう。　6点

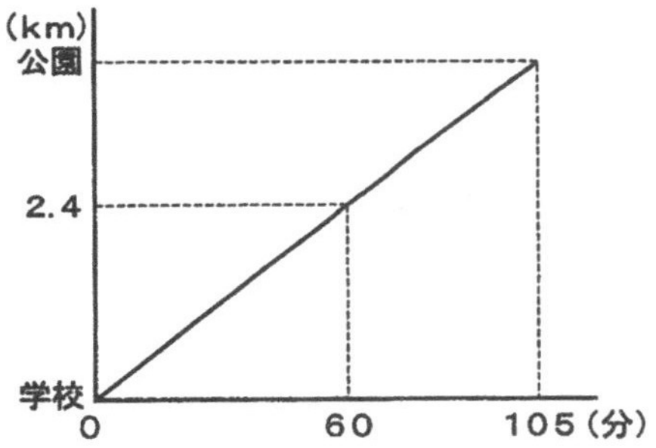

式

答え　　　　ｋｍ

問題２　公園に入ると，長屋《ながや》と石がきが見えました。

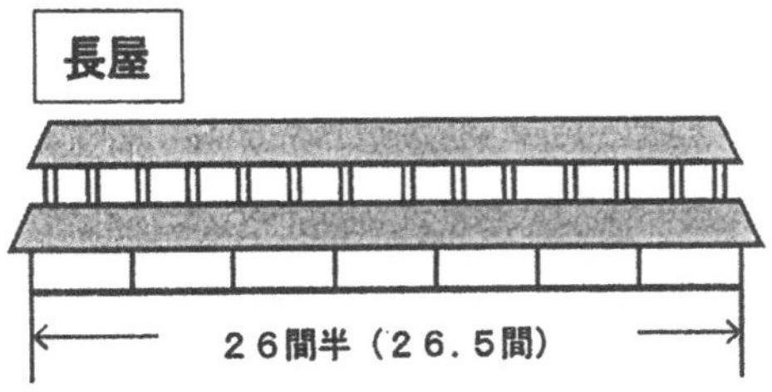

（１）　パンフレットには，「この長屋の横の長さは，２６間《けん》半（２６．５間）です。」と書いてありました。１間を１．８ｍとすると，この長屋の横の長さは何ｍですか，答えを書きましょう。　4点

答え　　　　ｍ

（２）　石がきの中に，六角形の面をもつ石がありました。長さは，下の図のとおりです。また，１６ｃｍと２０ｃｍの対角線，１０ｃｍの辺と１６ｃｍの対角線は，それぞれ垂直《すいちょく》に交わっていました。この六角形の面積は何ｃｍ²ですか，答えを書きましょう。　6点

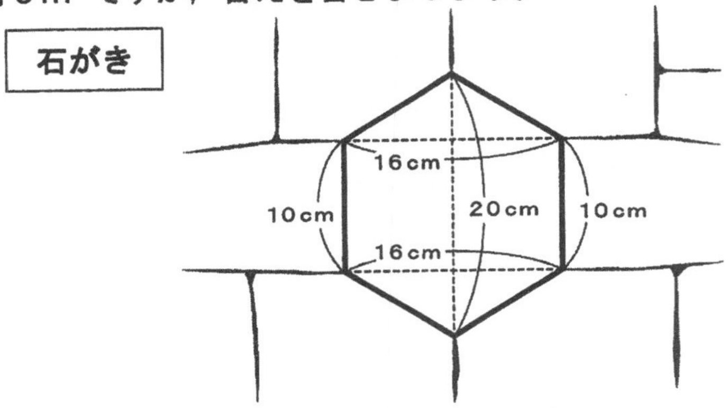

答え　　　　ｃｍ²

問題３　公園には，いろいろな建物があります。

（１）　太郎さんは，公園の中の資料館がおもしろかったので，今度は家族全員で来たいと思いました。資料館の入館料は，大人１人分の料金が３６０円で，小学生１人分の料金は大人１人分の $\frac{2}{3}$ です。太郎さんの家族は太郎さんを入れて，大人が３人，小学生が２人です。太郎さんの家族全員が資料館に入る場合，入館料はあわせていくらになりますか，答えを書きましょう。　4点

答え　　　　円

※

（２）　公園の石がきの上には，やぐらが建っています。下の図１のように，太郎《たろう》さんは，ア地点から３０ｍはなれた所に立って，やぐらの頂上《ちょうじょう》を見ています。下の図２は，図１の直角三角形ＡＢＣの縮図《しゅくず》です。地面から，やぐらの頂上までの実際の高さは何ｍですか，式と答えを書きましょう。　６点

図１

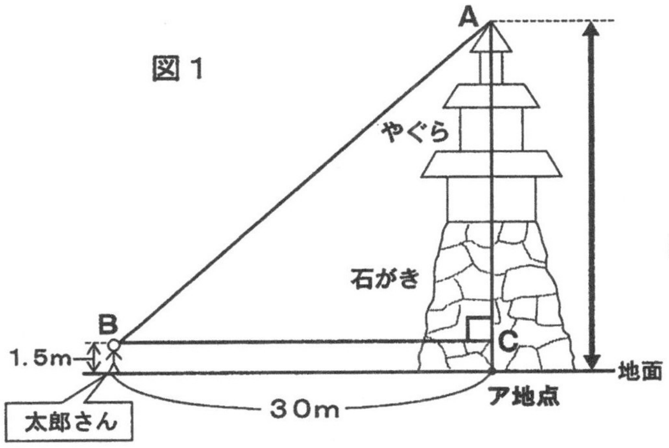

図２

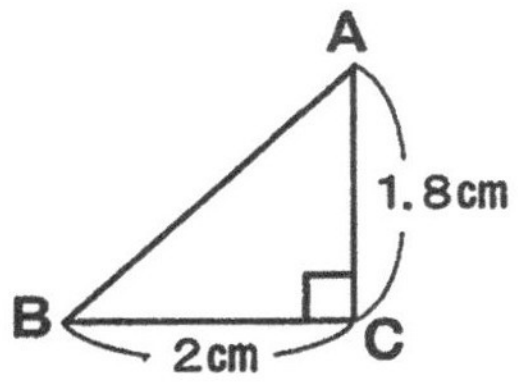

式

答え　　　　ｍ

問題４　太郎さんは，お城《しろ》の近くをまわってみることにしました。

（１）　太郎さんは，展望台《てんぼうだい》と植物園とふん水を１回ずつまわります。３つの場所をまわる順番は，全部で何通りありますか，答えを書きましょう。　４点

答え　　　　通り

（２）　展望台と植物園について，前日に公園に来ていた人にとった，下のような【アンケート】と【アンケートの結果】があります。アンケートに答えた人は，全部で何人ですか。【アンケートの結果】をもとに，求め方を言葉や式や表などを使って書きましょう。また，答えも書きましょう。　８点

【アンケート】

① 展望台に行きましたか。　　はい・いいえ
② 植物園に行きましたか。　　はい・いいえ

【アンケートの結果】

・①で，「はい」と答えた人……………………２４人
・②で，「はい」と答えた人……………………１５人
・①と②のどちらも，「はい」と答えた人……　６人
・①と②のどちらも，「いいえ」と答えた人…１２人

求め方

答え　　　　人

問題５　公園の広場に１年生，２年生，６年生が集まって，お弁当を食べます。縦《たて》１５ｍ，横２０ｍの長方形の形をした場所に，縦１．８ｍ，横１．２ｍの長方形のレジャーシートを，図のように，レジャーシートとレジャーシートの間を５０ｃｍはなして，向きをそろえて並《なら》べます。レジャーシートは最も多くて何枚《なんまい》並べられますか，求め方を言葉や式を使って書きましょう。また，答えも書きましょう。　８点

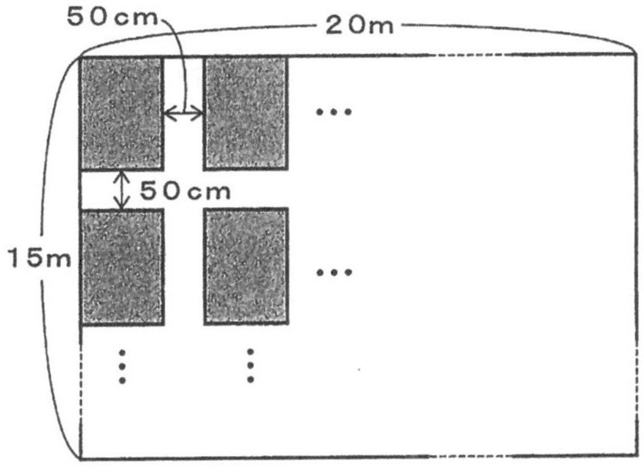

求め方

答え　　　　枚

※

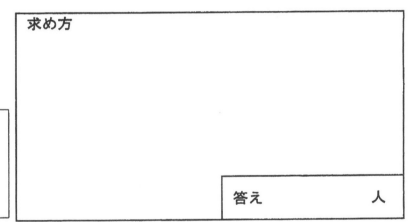

④	受検番号	

3　石川県に住む太郎《たろう》さんは，休みを利用して茨城県《いばらきけん》から遊びに来た，いとこのまなさんと話しています。

【会話】

太郎さん：明日，観光するところはもう決まったの。
まなさん：やっぱり，茨城県の偕楽園《かいらくえん》と同じ ①日本三大庭園の兼六園《けんろくえん》は行かないとね。でも，石川県には，他にも行きたい ②観光地がいっぱいあるから迷うわ。太郎さんのおすすめはどこ。
太郎さん：③能登国分寺跡《のとこくぶんじあと》や七尾城跡《ななおじょうあと》など，能登立国１３００年をむかえた能登地方の観光はどうかな。
まなさん：そうね。茨城県にも常陸《ひたち》国分寺跡があるから，比べてみたいわ。それから，石川県ならではの ④食べ物も楽しみにしているの。加賀野菜や能登牛，新鮮《しんせん》な魚貝類など，石川県のおいしいものを食べたいわ。
太郎さん：それだったら，近江町《おうみちょう》市場はどうかな。近くには，加賀百万石《ひゃくまんごく》の基礎《きそ》を築いた ⑤前田利家《まえだとしいえ》ゆかりの尾山《おやま》神社《じんじゃ》もあるから，きっと楽しいよ。

問題１　まなさんと話した太郎さんは，全国の観光地に興味をもち，調べてみることにしました。

【地図】

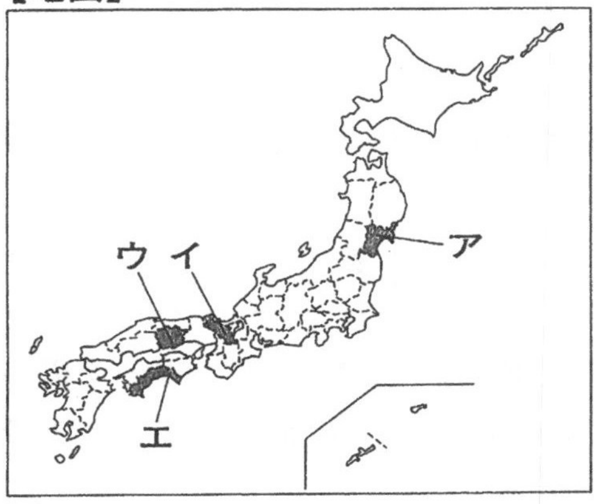

【資料１】観光レクリエーション施設《しせつ》数の多い上位５つの都道府県と全国の施設数に占《し》める割合《わりあい》（%）

	キャンプ場		スキー場		水族館		動物園 植物園	
１位	北海道	8.9	長野県	23.9	北海道	9.9	北海道	8.6
２位	長野県	6.4	新潟県《にいがたけん》	18.1	東京都	6.9	兵庫県《ひょうごけん》	5.7
３位	山梨県《やまなしけん》	4.4	北海道	9.1	神奈川県《かながわけん》	5.9	東京都	5.4
４位	岐阜県《ぎふけん》	4.3	群馬県《ぐんまけん》	6.7	愛知県 和歌山県	5.0 5.0	静岡県《しずおかけん》	4.8
５位	兵庫県	3.5	岐阜県	5.5			千葉県	4.5

（データでみる県勢 2018 より作成）

（１）　【会話】の下線部①について，茨城県の偕楽園と石川県の兼六園に加え，日本三大庭園の１つである後楽園《こうらくえん》があり，ももやぶどうの生産が盛《さか》んな都道府県を，【地図】のア～エから１つ選び，記号を書きましょう。　３点

（２）　太郎さんは，【会話】の下線部②について，関連のある【資料１】を見つけました。【資料１】から読み取れることとして適切なものを，次のア～エから１つ選び，記号を書きましょう。　３点

ア　キャンプ場の上位５つは，全て海に面していない都道府県である。
イ　スキー場は，他の施設と比較《ひかく》して１位と５位の割合の差が最も小さい。
ウ　水族館の上位５つは，全て冬に雪が降《ふ》る量がとても多い都道府県である。
エ　動物園や植物園の上位５つの割合の合計は，２５%をこえている。

問題２　【会話】の下線部③について，太郎さんは国分寺について調べ，【ノート】にまとめてみました。［　　　］にあてはまる目的を，【ノート】から読み取った内容をもとに書きましょう。　６点

【ノート】

〈 国分寺が置かれたところ 〉

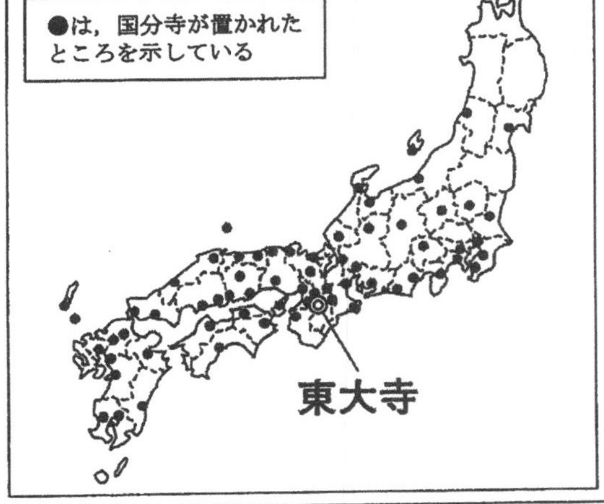

〈 国分寺を建てることを命じた人 〉
聖武天皇《しょうむてんのう》

〈 その当時の社会のようす 〉
病気の流行や，各地で起こる災害，反乱《はんらん》などにより，社会全体に不安が広がっていた。

〈 各地に国分寺を建てる命令を出した目的 〉

※

⑤	受検番号	

問題３　【会話】の下線部④について，太郎《たろう》さんは日本の食料生産について調べ，【資料２】と【資料３】を見つけました。

【資料２】日本の国民一人１年あたりの消費量の推移《すいい》

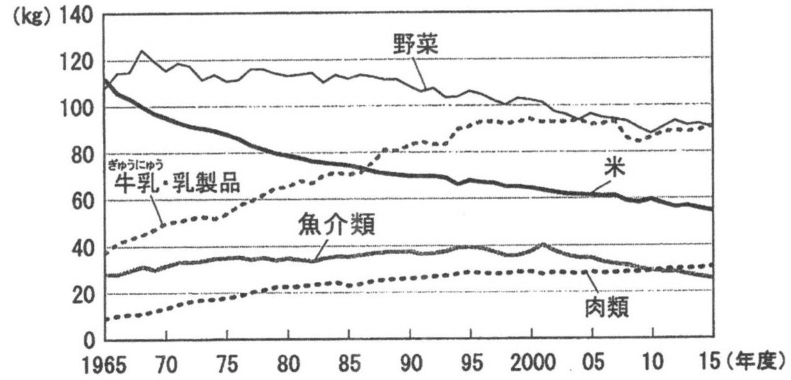

【資料３】日本の品目別自給率の推移

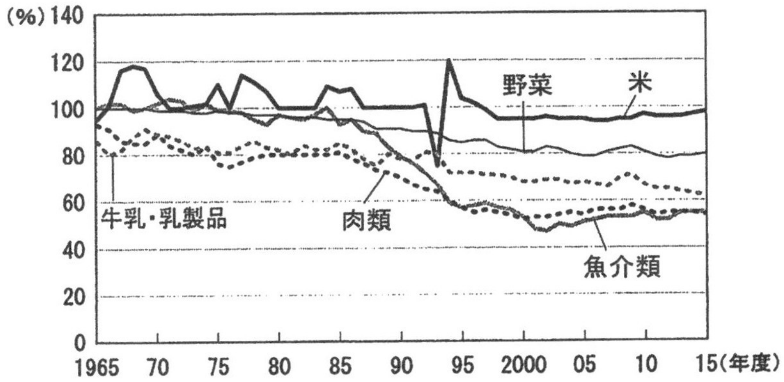

（資料２と資料３は，2016年度食料需給表より作成）

（１）　太郎さんは，【資料２】と【資料３】をもとに，米の生産量の推移について考えてみました。１９６５年度から２０１５年度にかけて米の生産量はどのように推移していると考えられますか，適切なものを次のア～ウから１つ選び，記号を書きましょう。　３点

ア　だんだん増えている　　イ　だんだん減っている　　ウ　ほとんど変わらない

（２）　太郎さんは，【資料２】と【資料３】をもとに，日本の食料について【ノート】にまとめてみました。【ノート】の ① ～ ③ に，あてはまる内容を書きましょう。　①②完答３点　③３点

【ノート】

【資料２】からは，日本の食生活が変化していることがわかります。例えば，２つの品目に注目して消費量の推移を比べると，２０１０年度を境に ① より ② を多く食べるようになっています。

【資料３】からは，米以外の品目の自給率が下がってきていることがわかります。米以外の品目は，国産で全てをまかなうことができず， ③ 。このことは，日本の食料生産の１つの問題点だといえます。

問題４　【会話】の下線部⑤について，太郎さんは前田利家《まえだとしいえ》が活躍《かつやく》した安土桃山《あづちももやま》時代について調べました。そして，その時代に活躍した，ある人物が行ったことに関する【資料４】と【資料５】を見つけました。

【資料４】

● 百姓《ひゃくしょう》が刀，弓，やり，鉄砲《てっぽう》などの武器を持つことを禁止した。武器を持ち，年貢《ねんぐ》を出ししぶり，一揆《いっき》をくわだてて領主に反抗《はんこう》する者は厳《きび》しく処罰《しょばつ》することにした。

【資料５】

● 田畑の等級を決めて，土地の持ち主がわかるように検地帳《けんちちょう》をつくることを命じた。土地の所有者をはっきりさせ，そこから納《おさ》められる年貢の量を決めた。

（１）　【資料４】と【資料５】を行った人物の名前を書きましょう。　３点

（２）　【資料４】と【資料５】が行われたことにより，社会のしくみは大きく変化していきました。どのように社会のしくみが変化したのか，【資料４】と【資料５】が行われた目的にふれて，書きましょう。　６点

※

4 太郎《たろう》さんと花子さんは，夏休みにキャンプに参加することになりました。

問題１　太郎さんと花子さんは，まきを燃やして，お湯をわかします。

（１）　太郎さんと花子さんは，まきが燃え続けるために，図１のようにまきを組んで，空気が絶えず入れかわるようにしました。空気中の，ものを燃やすはたらきがある気体を何というか，書きましょう。 3点

図１

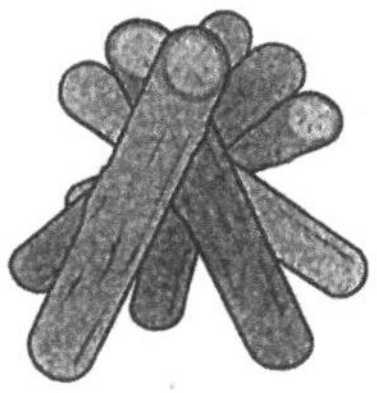

（２）　お湯をわかすと，図２のようにやかんの口から勢いよく湯気が出てきました。よく観察すると，やかんの口付近には湯気が見えず，少しはなれた場所から湯気が見えました。それはなぜですか，温度による水のすがたをふまえて，理由を書きましょう。 5点

図２

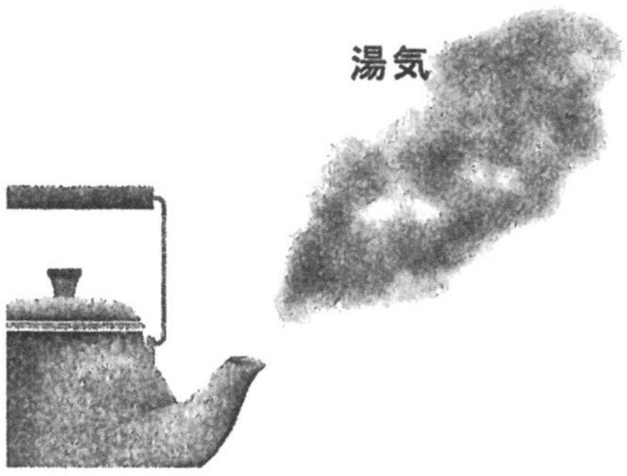

問題２　太郎さんと花子さんたちは，食事をしながら話しています。

【会話】

太郎さん：キャンプファイヤーの準備があるから，早く食べてしまおう。
花子さん：ゆっくり，よくかんで食べた方がいいよ。
太郎さん：ご飯つぶをよくかんでいると，あまくなってきたよ。
花子さん：私《わたし》たちが口に入れた食べ物は，このあと体の中でどうなっていくのかな。
先　　生：食べ物は，体に吸収《きゅうしゅう》されやすい養分となって，水とともに，おもに（　①　）から吸収されるんだよ。そのあと，吸収された養分の一部は，（　②　）で一時的にたくわえられ，必要なときに使われるんだよ。

（１）　【会話】の下線部のようになったのはなぜですか，その理由を書きましょう。 4点

（２）　【会話】の（ ① ），（ ② ）にあてはまる臓器《ぞうき》は何ですか。下の〔　　　〕から選び，それぞれの臓器名を書きましょう。また，その臓器が体の中のどこにあるか，図３のア～オからそれぞれ選び，記号を書きましょう。 完答4点

〔心臓《しんぞう》，胃《い》，肝臓《かんぞう》，肺《はい》，小腸《しょうちょう》，大腸《だいちょう》，腎臓《じんぞう》〕

図３

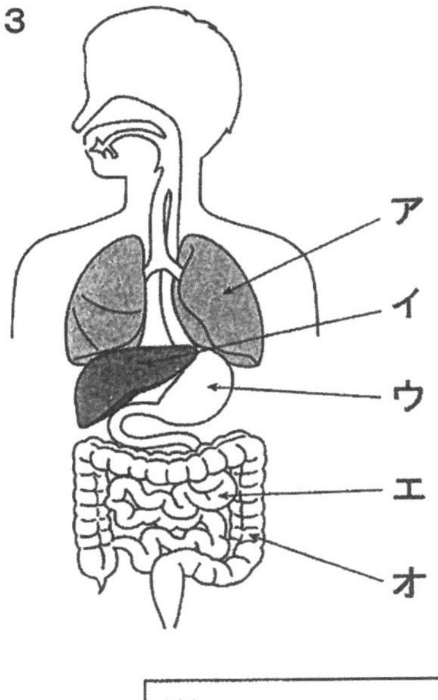

①臓器名：　　　　記号：

②臓器名：　　　　記号：

※

太郎《たろう》さんと花子さんは，キャンプで興味をもったことについて，家に帰ってからそれぞれ調べました。

問題３　太郎さんはキャンプファイヤーで歌ったときに，リズムをそろえるために使用したメトロノームがふりこのしくみを利用して作られていることを思い出し，ふりこのしくみについて調べてみました。

（１）　太郎さんは，図４のふりこが１往復する時間を下の方法で調べるために，ふりこが１０往復する時間を３回はかりました。下の【表】はその結果です。この【表】をもとに，ふりこが１往復する時間は何秒か，式と答えを書きましょう。　４点

図４

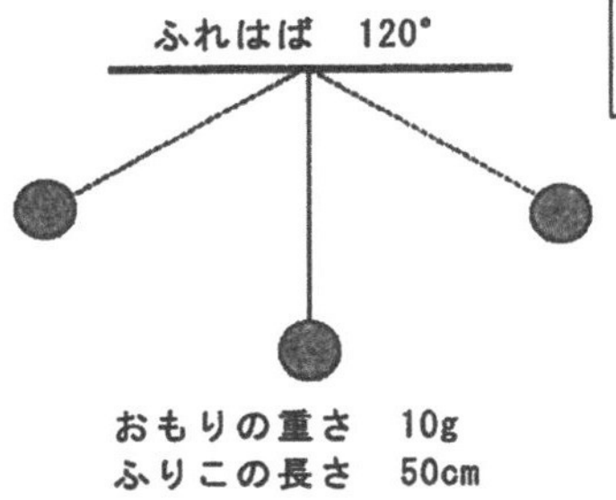

【ふりこが１往復する時間の求め方】
３回の測定結果の平均をもとに，
１往復する時間を計算して求める。

【表】

	ふりこが10往復する時間（秒）
１回目	14.3
２回目	13.6
３回目	14.1

式

答え　　　　秒

（２）　図４のふりこと，１往復する時間が同じふりこはどれですか。次のア～ウから１つ選び，記号を書きましょう。　３点

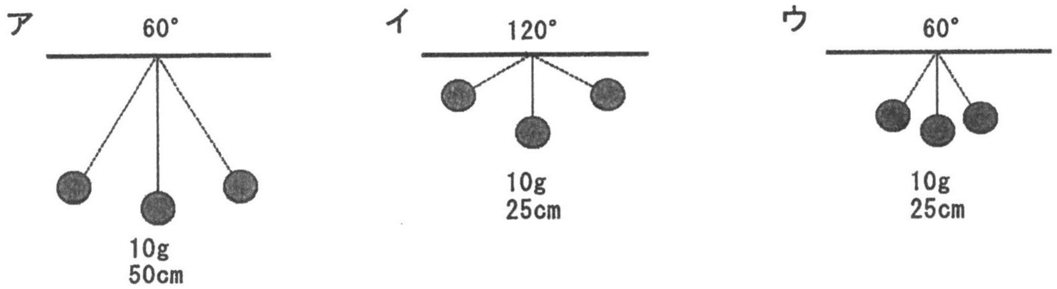

問題４　花子さんは，月について調べてみました。

【花子さんのレポートの一部】

■月について
・表面は岩石や砂《すな》が一面に広がり，望遠鏡で見ると円形のくぼみが数多く見られる。
・月がかがやいて見えるのは，自ら光を出しているのではなく，太陽の光が反射《はんしゃ》しているからである。
・太陽と月の位置関係が日によって変わっていくため，月の形が少しずつ変わって見える。

■キャンプの日に見えた月について
・太陽が西にしずむときに，右の図のような位置に，月が見えた。

■一週間後，家で見た月について
・キャンプの日と同じように，太陽が西にしずむときに南の空を見ると，月は見えなかった。しかし夜にもう一度見ると，キャンプの日とちがう形の月が見えた。

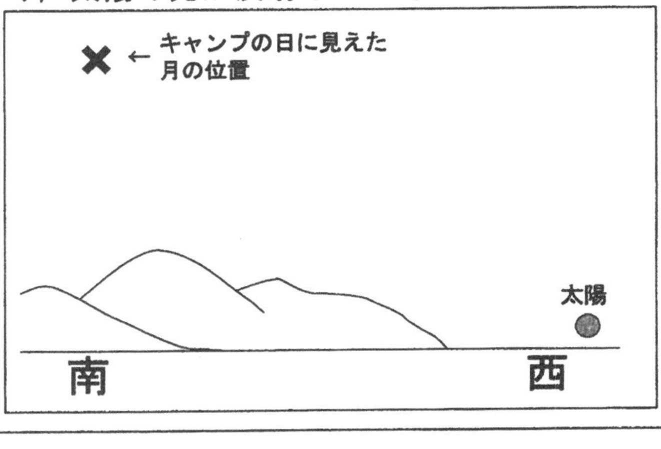

（１）　下線部を何というか，書きましょう。　３点

（２）　キャンプの日から一週間後，月はどのような形をしていると考えられますか。【花子さんのレポートの一部】をもとに，一週間後に見える月の形に最も近いものを次のア～エから１つ選び，記号を書きましょう。　４点

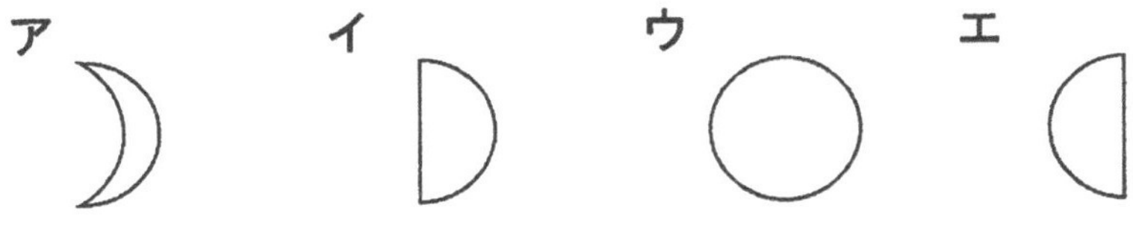

※

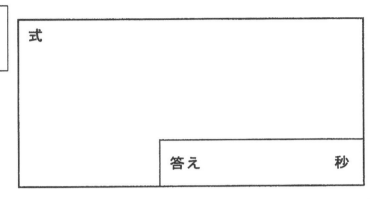